# 信息化时代的现代教育教学研究

刘海军◎著

新华出版社

**图书在版编目（CIP）数据**

信息化时代的现代教育教学研究 / 刘海军著.

北京：新华出版社，2024.5

ISBN 978-7-5166-7415-4

Ⅰ．G40-03

中国国家版本馆CIP数据核字第2024MA8118号

---

**信息化时代的现代教育教学研究**

作者：刘海军

责任编辑：蒋小云

出版发行：新华出版社有限责任公司

　　　　　（北京市石景山区京原路8号　邮编：100040）

印刷：北京亚吉飞数码科技有限公司

| | |
|---|---|
| 成品尺寸：170mm×240mm 1/16 | 印张：13.75　字数：218千字 |
| 版次：2025年4月第1版 | 印次：2025年4月第1次印刷 |
| 书号：ISBN 978-7-5166-7415-4 | 定价：80.00元 |

微店　　　视频号小店　　　抖店　　　京东旗舰店　　　请加我的企业微信

微信公众号　　　喜马拉雅　　　小红书　　　淘宝旗舰店　　　扫码添加专属客服

# 前　言

在这个快速发展的时代，教育已经成为国家和社会发展的重要支柱。信息技术的发展为教育带来了前所未有的机遇和挑战，如何把握这个时代的脉搏，培养出适应社会发展需求的人才，是广大教育工作者共同关注的问题。

本书旨在探讨信息化时代现代教育教学的发展趋势、特点和挑战，以及如何运用现代教育理念、方法和手段进行教育教学活动。

本书共包括六章内容，即：现代教育及教育信息化、信息化时代现代教育教学的理论基础、信息化时代的教师与学生、信息化时代的教学资源、信息化时代的教学过程、信息化时代的教学方法与教学艺术。希望这些内容能够为您在教育教学实践中提供一些有益的参考。

首先，要关注的是教学资源的开发与利用。在信息化时代，网络技术为师生提供了丰富的教学资源，如电子书籍、在线课程、虚拟实验室等。教师需要善于利用这些资源，为学生提供更加丰富和多样的学习材料。同时，教师还要关注资源的筛选和整合，确保所选用的资源既符合教学目标，又能满足学生的需求。

其次，教学方式的创新是信息化时代现代教育教学的重要特点。传统的课堂教学方式已经难以满足现代教育的需求，要探索新的教学方式，如基于MOOC的学习、翻转课堂、智慧教育等。这些新的教学方式有助于激发学生的学习兴趣，培养学生的创新能力和团队协作能力。

再次，提高教师的智慧教学能力是现代教育的重要任务。教师要不断学习和掌握新的教育理念、方法和手段，提高自身的信息素养与智慧教学能力。同时，学校要加强对教师的培训和指导，帮助他们更好地适应信息化时代的教育教学要求。

最后，培养学生的自主学习能力是现代教育的核心目标。学生要学会利

用信息技术获取知识，培养独立思考和解决问题的能力。学校要创造良好的学习环境，鼓励学生积极参与课堂讨论和实践活动，提高他们的综合素质。

本书系河南省2023年度教师教育课程改革研究项目"教育信息化2.0时代中小学教师智慧教学能力提升研究"（项目编号：2023–JSJYYB–057）与商丘师范学院基础教育教学研究项目"商丘市农村基础教育教师信息化教学能力培育体系构建研究"（项目编号：2021jcjy10）的主要研究成果。

本书在撰写的过程中，参考了大量的国内外文献资料，借鉴了国内学者的许多经验，在此，向原作者致以诚挚的谢意。当然，由于时间和水平的限制，本书难免存在一些不足之处。在此，作者诚挚地邀请广大读者对本书提出宝贵的意见和建议，以便在今后的日子里不断改进和完善。

商丘师范学院　刘海军

2023年11月

# 目　录

# 第一章　现代教育及教育信息化

　　现代教育是随着社会的发展和技术的进步而不断变革的。现代教育技术在教学中的应用，尤其是计算机、网络、广播电视等各种硬件设备及软件工具与科学方法的结合，使得信息的获取、加工、存储、传输和使用更加便捷和高效。目前，现代教育及教育信息化正在不断发展和完善，为我们的教育事业带来更多的活力和可能性。

# 第一节　现代教育的内涵

## 一、教育的起源

教育的起源有不同的观点，包括生物起源论、心理起源论、劳动起源论和社会实践起源论等（图1-1）。

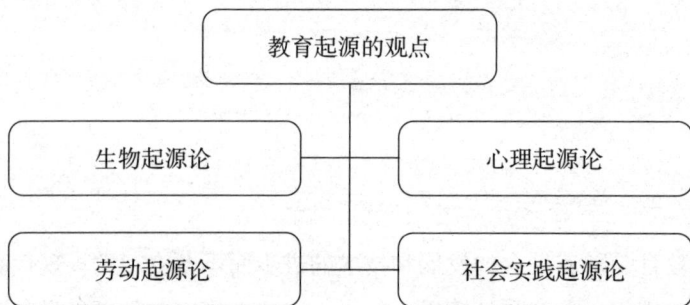

图1-1　教育起源的观点

### （一）生物起源论

生物起源论认为教育是物种进化过程中形成的人类和动物共有的本能行为。这种观点把教育视为一个生物过程，把教育归结为生物适应环境的过程，把教育起源归结为动物的本能行为。

### （二）心理起源论

心理起源论认为教育最初起源于原始人类的那种具有教育意味的无意识模仿。这种观点把教育看作人的心理活动过程，强调人的心理活动与动物的心理活动的根本区别，认为教育的任务在于发展人的心理。

### （三）劳动起源论

劳动起源论认为劳动创造了人类和社会。劳动过程的复杂性要求通过教育把人类积累的经验传授给下一代。考古学和人类学研究证明，人类原始时代教育活动已经存在了，教育是一种永恒的社会现象。这种观点强调了劳动在人类教育起源中的决定性作用，并从生产劳动的角度揭示了教育的起源。

### （四）社会实践起源论

社会实践起源论认为教育起源于原始社会人的社会实践或社会实际生活需要。这种观点强调了人类社会的实践性和教育在社会生活中的重要作用，认为教育的产生是人类社会实践的必然产物。

综合以上观点，教育的起源是多方面因素共同作用的结果，其中生物因素、心理因素、劳动因素和社会实践因素等都发挥了重要作用。教育的产生和发展是受到多种因素的综合影响，并随着社会的不断变化而不断演进和发展的。

## 二、现代教育的目的

现代教育的目的具体可以从以下几个方面进行详细论述（图1-2）。

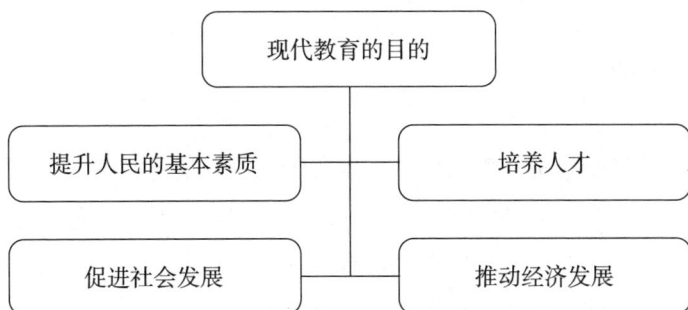

图1-2　现代教育的目的

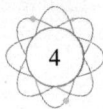

（一）提升人民的基本素质

现代教育强调的是全面发展，即不仅关注学生的知识水平，还要关注学生的综合能力、道德素质和身心健康等方面。通过教育，可以帮助学生掌握必要的知识和技能，培养学生的思维能力、创新精神和实践能力，从而更好地适应社会发展的需要。同时，教育还要注重学生的情感和人文素养的培养，使学生具有正确的价值观念和积极的人生态度。

（二）培养人才

现代教育不仅是面向全体人民的教育，更是培养人才的重要途径。通过各级各类学校的教育，可以培养出各种不同领域的人才，包括科学家、医生、艺术家、工程师等。这些人才将为社会的发展作出重要的贡献。同时，现代教育还要注重学生的个性和兴趣的培养，鼓励学生发挥自己的特长和爱好，培养出更多具有创新意识和实践能力的人才。

（三）促进社会发展

现代教育也是促进社会发展的重要手段。通过教育，可以培养人们的创新意识和实践能力，推动科技进步和文化繁荣。同时，教育也可以提高人们的道德素质和人文素养，促进社会的和谐与稳定。通过教育培养的人才，可以为社会的各个领域作出贡献，推动社会的进步和发展。

（四）推动经济发展

现代教育对于经济的发展也具有重要的作用。通过教育，可以培养出具有高素质的劳动力，提高劳动生产率和经济效益。同时，教育也可以促进技术进步和创新，为经济的发展提供强有力的支持。通过培养的人才和技术创新，可以推动经济的持续发展和国家的繁荣富强。

此外，现代教育还要注重培养学生的个性和兴趣，同时也要注重学生的实践能力和创新精神的培养，通过各种实践活动和创新课程，让学生在实际操作中培养实践能力和创新精神。

综上所述，现代教育的目的在于提升人民的基本素质、培养各种人才、促进社会发展和经济发展。为了实现这些目的，教育需要不断改革和创新，以适应社会发展的需要。

## 三、现代教育的特征

概括来说，现代教育的特征主要包括以下几方面（图1–3）。

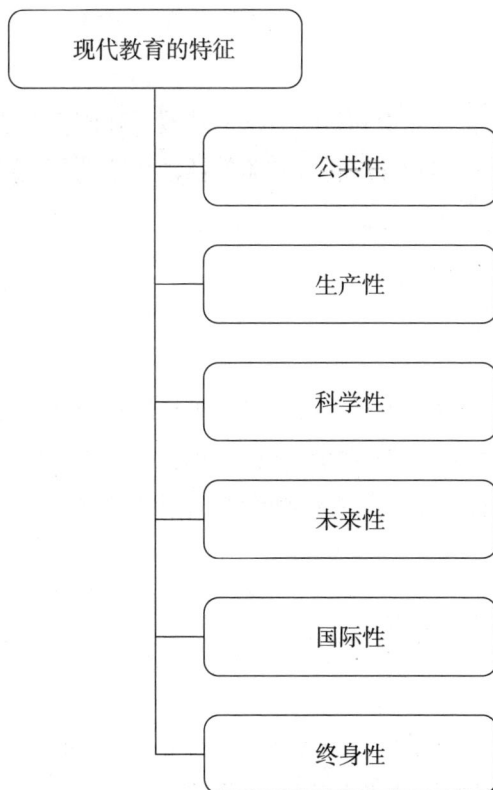

图1-3　现代教育的特征

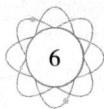

（一）公共性

现代教育已经从传统的家庭和学校教育的范畴，扩展到社会公共领域的各个方面。现代教育注重培养社会公民的素质，强调个体的自由、平等、公正和民主，注重公共参与和合作，以实现社会的公共利益为目标。

（二）生产性

现代教育注重培养学生的生产能力和就业技能，以满足现代社会对人才的需求。学校教育与社会生产相结合，通过实践教学和校企合作等方式，培养学生的实践能力和创新精神，以适应现代社会的发展。

（三）科学性

现代教育注重科学知识和科学方法的传授，强调科学精神的培养。学校教育通过设置科学课程和开展科学实验等活动，帮助学生形成科学的思维方式和方法，以促进学生的全面发展。

（四）未来性

现代教育不仅关注当前社会的需求，更加注重未来社会的发展趋势。学校教育注重培养学生的未来意识和创新能力，以适应未来社会的需要。同时，现代教育也强调可持续发展和绿色环保等理念，以促进社会的长期发展。

（五）国际性

现代教育注重培养学生的国际视野和跨文化交流能力，以适应全球化的趋势。学校教育通过开展国际交流和合作项目等方式，帮助学生了解不同文化和国家的情况，提高学生的国际素养和跨文化交流能力。

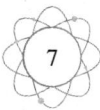

### （六）终身性

现代教育注重培养学生的自主学习和终身学习能力，以满足个人和社会不断发展的需求。学校教育通过设置选修课程和开展课外活动等方式，帮助学生发掘自己的潜力和兴趣，促进学生的个性化发展。

### （七）革命性

现代教育需要打破传统的思维方式和教学模式，进行深刻的变革和创新。现代教育注重学生的主体地位和个性差异，采用多样化的教学方式和方法，以适应不同学生的需求。同时，现代教育也强调信息化和数字化的发展趋势，以促进教育的现代化和智能化。

总之，现代教育的基本特征是多元化、复杂化的，它需要适应社会发展的需要，培养具有全面素质和创新能力的人才。

## 四、现代教育的功能

### （一）教育功能的含义

教育功能是指教育活动和系统对个体发展和社会发展所产生的各种影响和作用。它涵盖了教育的不同方面，包括教育的内部功能和外部功能。

内部功能是指教育对个体发展的影响和作用，包括智育、德育、体育等方面。这些功能旨在促进学生的知识、技能、情感、身体等方面的全面发展，帮助学生成为有知识、有能力、有责任感、有良好品德的人。

外部功能是指教育对社会发展的影响和作用，包括政治、经济、文化等方面。这些功能旨在促进社会的经济繁荣、政治稳定、文化传承等方面的发展，为社会培养出适应社会需要的人才。

同时，教育功能还可以分为显性功能和隐性功能。显性功能是指教育活

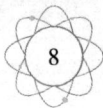

动和系统所直接产生的结果，如知识的传授、技能的培养等；而隐性功能则是指教育活动和系统所产生的间接结果，如学生的思想变化、社会关系的改善等。

总之，教育功能是一个复杂的概念，它涵盖了教育的各个方面和结果，旨在促进个体发展和社会发展。

## （二）教育功能的层次

教育功能包括本体功能、个体功能和社会功能三个层次（图1-4）。

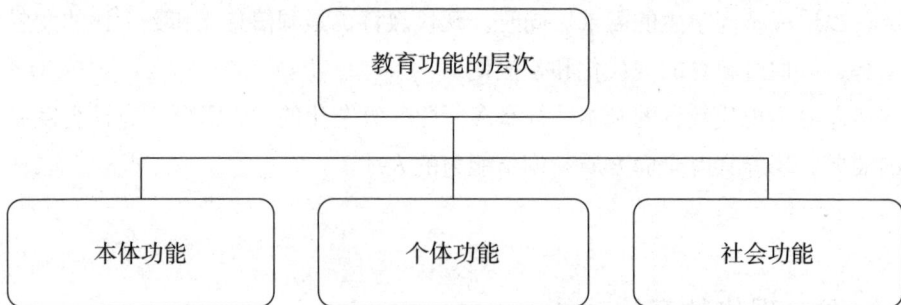

图1-4　教育功能的层次

### 1.本体功能

教育的本体功能主要是指教育本身所固有的、直接满足教育系统自身发展需要的功能。它主要关注教育的内部关系和自身发展，如知识的传承与创新、教育方法的改进与完善等。本体功能对于教育的自身发展和完善至关重要，但它的作用范围主要局限于教育系统内部。具体来说，教育的本体功能主要包括以下几方面。

### （1）文化传承功能

学校教育在文化传承中扮演着非常重要的角色。它具有系统性和集中性的特点，可以高效地传递知识、技能和价值观，并且普及到更广泛的人群中。学校教育通过选择和整理人类文化，将其转化为与学生发展密切相关的教育内容和教学方法，从而使学生能够更好地理解和掌握文化，并将其传承下去。

在文化传承的过程中，学校教育需要关注以下几个方面。

第一，文化多样性的尊重和保护。学校教育应该尊重不同文化的多样性和独特性，不偏袒任何一种文化，同时也要保护濒危的文化遗产，确保文化的多样性和传承。

第二，文化传承的连续性和稳定性。学校教育应该通过制定合理的课程和教学计划，确保文化的传承具有连续性和稳定性。同时，也要根据时代的变化和社会的需求，不断调整和完善文化传承的方式和内容。

第三，教育内容的全面性和深入性。学校教育应该全面深入地传递文化知识、技能和价值观，不仅包括传统的手工艺、语言、音乐、舞蹈等，还应该包括科技、文学、艺术等方面的知识。

第四，教育方式的创新和变革。学校教育应该不断创新和变革教学方式，采用多种教学方法和技术手段，如基于MOOC平台、微课程、翻转课堂、智慧课堂的教学等，使学生能够更加主动地参与文化传承，提高文化传承的效果和质量。

（2）文化筛选功能

在文化传承过程中，教育会根据社会的需求和教育目标，对各种文化进行筛选和整理，将其中的精华部分挑选出来，并转化为适合学生发展的教育内容和教学方法。这个选择过程并不是随意的，而是基于一定的标准和原则，这些标准通常反映了社会的主流价值观和文化传统。

当然，随着时代的变化和社会的发展，教育的标准和侧重点也会有所改变。然而，无论何时，教育在文化传承中的选择都是一个严谨和严肃的过程。它既要考虑社会的需要和期望，又要考虑学生的发展和成长需求。

此外，教育对文化的选择和传递也会受到教育者的影响。教育者自身的价值观、文化背景和教学风格等都会对文化的传承产生影响。因此，教育者需要具备批判性思维和跨文化素养，以便在选择和传递文化的过程中保持客观、公正和开放的态度。

总之，教育在文化传承中的选择是一个复杂而重要的过程。它不仅涉及教育的目标和价值观，也涉及社会的期望和文化传统的传承。通过严格的标准和筛选机制，教育将优秀的、符合社会需求的文化传递给学生，从而实现

文化的传承和发展。

（3）文化交流功能

教育对于文化的交流具有重要作用，具体来说，教育领域中的文化交流主要是通过两种途径来实现的。

第一种是通过教育内容和教育方法的革新来实现文化交流。教育是一种传递知识、技能和价值观的社会活动，它不仅在传承和弘扬本国、本地区和本民族的文化传统方面发挥着重要作用，同时也承担着促进不同文化之间的交流与融合的重要使命。在教育过程中，可以通过引入不同国家和地区的文化元素，让学生了解和认识不同文化之间的差异和特点，从而促进不同文化之间的交流与融合。

第二种是通过各种学术交流活动来实现文化的交流。学术交流是促进不同文化之间交流与融合的重要途径之一。通过学术交流活动，可以促进不同国家和地区的学者、专家之间的合作与交流，共同探讨和研究不同文化之间的差异和特点，从而推动不同文化之间的交流与融合。同时，学术交流活动还可以促进不同国家和地区的学术机构、团体之间的合作与交流，共同推动学术事业的发展和进步。

2.个体功能

教育的个体功能主要是指教育对个体发展和人的成长所起的作用。它关注的是教育如何促进个体的知识、技能、情感、身体和道德等方面的全面发展，以及如何帮助个体实现自我价值、提升个人能力和素质。个体功能是教育对个体产生的影响和作用，它的作用范围涉及所有受教育的个体。

具体来说，教育的个体功能包括以下几个方面。

（1）促进个体社会化

教育可以帮助个体学习社会规范、道德准则和行为习惯，从而更好地适应社会生活。通过接受教育，个体可以了解社会的期望和要求，培养出符合社会需要的技能和知识，从而更好地融入社会。

（2）促进个体个性化

教育可以帮助个体发现自己的兴趣、爱好和优势，从而更好地实现自我价值。通过接受教育，个体可以培养自己的独特能力和个性特点，塑造出独特的自我形象和身份认同。

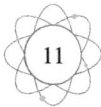

（3）促进个体谋生和享用功能

教育可以帮助个体获得谋生技能和知识，从而更好地适应劳动力市场和经济环境。通过接受教育，个体可以获得更好的就业机会和经济收益，享受更好的生活品质和社会福利。

3. 社会功能

教育的社会功能主要是指教育对社会发展所起的作用。它关注的是教育如何满足社会的需要、推动社会的发展，以及如何促进经济繁荣、政治稳定、文化传承等方面的发展。社会功能体现了教育的外部作用和影响力，它的作用范围涉及整个社会系统。具体来说，教育的社会功能包括以下几方面。

（1）教育的经济功能

教育系统对社会经济发展所起的作用就是教育的经济功能。教育不仅能够促进经济发展，同时也受到社会经济发展的制约。

在社会发展的基础上，物质资料的生产与再生产是非常重要的。而教育作为人类社会发展的基础之一，其存在和发展也需要以物质资料的生产与再生产为基础。因此，教育对经济发展的推动作用成为当今世界普遍关心的问题，也是教育学、教育经济学等学科需要研究和探讨的重要课题。

教育对经济发展的作用，并不是直接表现为创造物质财富，而是表现在为经济活动再生产劳动者和再生产科学技术方面。通过教育，可以培养出具备一定知识、技能和素质的劳动者和科学技术人才，为经济发展提供必要的人才支撑和智力保障。同时，教育也可以促进科技进步和产业升级，推动经济结构的优化和转型升级。

然而，需要注意的是，教育对经济发展的作用并不是简单的、直接的因果关系。教育的发展受到社会经济发展的制约，同时教育的效果也需要通过社会发展得以体现。因此，在研究教育对经济发展的作用时，需要综合考虑社会经济发展的多种因素，并寻求实现教育与社会经济协同发展的途径和方法。

（2）教育的政治功能

教育的政治功能主要表现在以下几个方面。

第一，政治社会化。教育通过传授知识、技能和价值观，帮助个体适应

社会政治环境，形成对政治体系的认同和共识。通过教育，个体能够了解国家的政治制度、法律体系和社会规范，从而更好地融入社会生活。

第二，培养政治人才。教育系统为政治体系培养和选拔具有政治素养和领导能力的人才。通过教育，个体能够获得政治知识和技能，成为政治体系的精英和领袖。

第三，传播政治思想。教育是传播政治思想的重要途径。政治体系通过教育向个体灌输国家的意识形态和价值观，以维护政治稳定和促进社会整合。

第四，促进民主参与。教育能够提高个体的民主意识和参与能力。通过教育，个体能够了解民主原则和实践，学会参与政治决策和公共事务，成为积极的公民。

（3）教育的生态功能

教育的生态功能主要体现在以下几个方面。

第一，环保意识提升。教育可以帮助人们了解自然环境的价值和生态系统的运作，提升环保意识。通过教育，人们可以更加深入地认识到人类活动对环境的影响，从而更加重视环境保护。

第二，可持续发展观念培养。教育能够培养人们树立可持续发展的观念，即经济发展应该与环境保护相互协调，实现长期可持续发展。通过教育，人们可以更好地理解可持续发展的重要性，从而在个人和社会的层面实践可持续发展。

第三，环保行动推动。教育能够激发人们的环保行动，促进他们在日常生活中实践环保行为，如减少污染、节约资源、保护野生动植物等。通过教育，人们可以更加积极地参与环保活动，从而对生态环境产生积极影响。

第四，生态文化传播。教育可以传播生态文化，即尊重自然、保护环境、和谐共生的文化。通过教育，人们可以了解和传承生态文化，从而促进人与自然和谐共处，维护生态平衡。

第五，政策倡导和社会参与。教育可以帮助人们了解环保政策和参与环保活动。通过教育，人们可以更加积极地参与环保决策和行动，推动政策制定和实施更加符合环保要求。

（4）教育的人口功能

第一，教育可以提高人口的质量。通过教育，个体可以获得知识和技能，提高自身的文化素质和劳动技能，从而更好地适应社会发展的需要。

第二，教育在个体成长和社会发展中扮演着至关重要的角色。它不仅可以传授知识，还可以塑造个体的道德观念和行为习惯，培养出具有良好素质的公民。

第三，教育还可以促进人口的合理流动。随着社会经济的发展和城市化进程的加快，人口流动越来越频繁。教育可以通过提供职业培训、技能培训等途径，帮助个体适应新的就业形势，实现人口的合理流动。

总体来说，教育的本体功能、个体功能和社会功能是相互联系、相互渗透的。它们之间存在密切的互动关系，彼此影响、相互制约。在现实的教育实践中，三种功能的发挥是交织在一起的，很难将它们截然分开。

## 五、现代教育理念的主旋律

随着现代社会的快速发展，教育也需要不断进行变革以适应新的需求。现代教育注重的是以理念突破和更新为先导，然后在教育实践上引起巨大的变革。其中，素质教育、全民教育、终身教育、个性化教育是现代教育理念的主旋律（图1-5）。

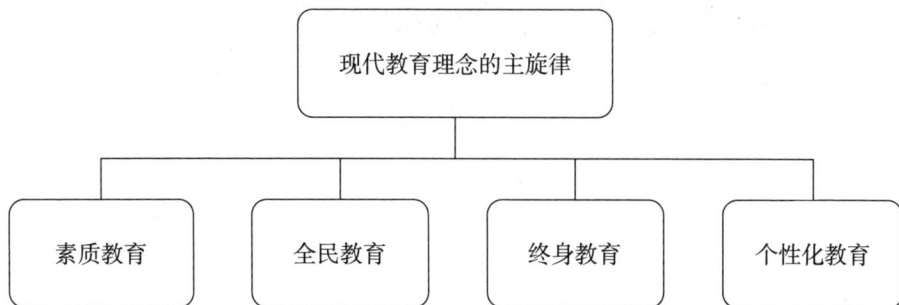

```
                  ┌─────────────────────┐
                  │  现代教育理念的主旋律  │
                  └─────────────────────┘
                            │
       ┌──────────┬─────────┴─────────┬──────────┐
  ┌─────────┐ ┌─────────┐       ┌─────────┐ ┌─────────┐
  │ 素质教育 │ │ 全民教育 │       │ 终身教育 │ │个性化教育│
  └─────────┘ └─────────┘       └─────────┘ └─────────┘
```

图1-5 现代教育理念的主旋律

## （一）素质教育

素质教育强调的是培养学生的全面素质和能力，包括知识、技能、情感、态度、价值观等各个方面。这种理念旨在培养出具有独立思考能力、创新精神和实践能力的人才，以适应数字教育时代的挑战。

## （二）全民教育

全民教育强调的是让所有人都能够接受教育，实现教育公平和普及。这种理念旨在消除教育机会不平等的现象，提高全民素质和文化水平，促进社会公平和可持续发展。

## （三）终身教育

终身教育强调的是人们在一生中不断学习和发展的重要性。这种理念旨在打破传统教育观念的限制，将学习贯穿于人生的各个阶段，满足人们不断增长的学习需求，提高个人素质和适应能力。

## （四）个性化教育

个性化教育强调的是尊重个体的差异和特点，根据个体的兴趣、能力和潜力进行因材施教。这种理念旨在发掘每个学生的潜力和优势，培养出具有创新精神和实践能力的人才，推动社会的发展和进步。

# 第二节  教育信息化的内涵

## 一、教育信息化的概念

教育信息化有两层含义。一是把提高信息素养纳入教育目标，培养适应信息社会的人才；二是把信息技术手段有效应用于教学管理与科研，注重教育信息资源的开发和利用。教育信息化的核心内容是教学信息化。教学是教育领域的中心工作，教学信息化就是要使教学手段科技化、教育传播信息化、教学方式现代化。

## 二、教育信息化的特点

概括来说，教育信息化主要有以下几个显著特点（图1-6）。

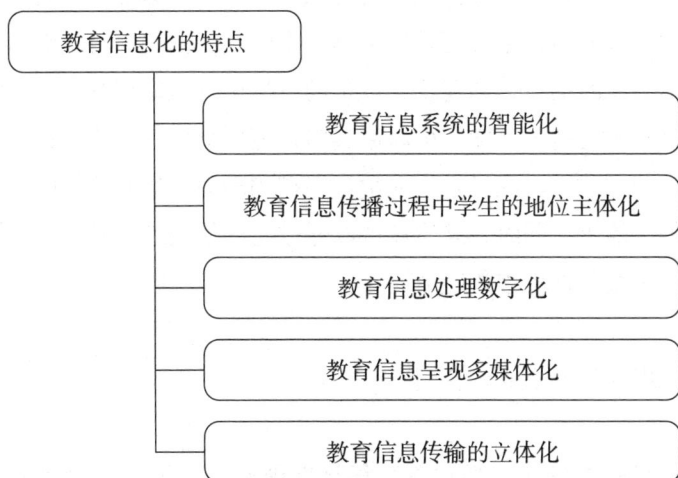

图1-6  教育信息化的特点

## （一）教育信息系统的智能化

智能化的教育信息系统能够根据学生的不同特点和需求，提供个性化的教学方案，实现因材施教。通过人工智能技术，系统可以自动分析学生的学习情况，给出相应的反馈和建议，同时也可以根据学生的学习进度和掌握情况，自动调整教学方案和内容，以更好地适应学生的学习需求。

此外，智能化的教育信息系统还可以实现多种感官的刺激，提高学生的学习效果。通过多媒体技术，系统可以呈现出生动、形象的画面和声音，吸引学生的注意力，提高他们的学习兴趣和参与度。同时，系统也可以根据学生的反馈和表现，自动调整教学内容和方法，以达到更好的教学效果。

## （二）教育信息传播过程中学生的地位主体化

传统教育通常是以教师为中心，学生往往处于被动学习的状态，缺乏主动性和参与性。而智能化的教育信息系统和信息呈现多媒体化等新技术手段，使得学生不再仅仅是知识的接受者，而可以通过多种方式积极主动地建构知识，开展协商学习和合作式学习。

在智能化的教育信息系统中，学生可以通过超文本、超媒体等电子教材和其他手段、工具，自主选择学习内容和方式，更好地发挥主观能动性，实现个性化学习。同时，系统还可以根据学生的学习情况，自动调整教学方案和内容，提供及时的反馈和建议，以帮助学生更好地掌握知识和技能。

在信息技术支持下，学生可以通过与计算机合作等方式，开展合作式学习。这种学习方式可以激发学生的学习兴趣和动力，培养他们的团队协作能力和问题解决能力。同时，学生还可以通过与同伴或教师开展协商学习，提高沟通交流和批判性思维的能力。

## （三）教育信息处理数字化

现代信息技术的发展使得教育信息处理系统的设备更加简单、性能可靠、标准统一。通过使用数字化技术，系统可以只使用1和0两个代码进行信息处理，这使得系统的集成度更高，处理速度更快，同时也提高了信息的保真度和存储容量。

这种数字化技术的使用，使得教育信息处理系统可以更加高效地处理和存储各种形式的信息，包括文本、图片、音频、视频等。同时，系统还可以实现信息的快速传输和共享，这大大提高了信息的使用效率和价值。

此外，现代信息技术的发展还促进了教育信息处理系统的智能化和自动化。系统可以通过人工智能技术和大数据分析等技术，自动分析学生的学习情况和发展趋势，提供个性化的教学方案和反馈建议，同时也可以实现自动化评估和考核等功能，提高了教育的质量和效率。

### （四）教育信息呈现多媒体化

多媒体技术的支持可以整合各种表征信息的媒体，包括文字、图片、声音、动画、录像、模拟等景象。这种整合使得教学内容更加生动化、形象化，更加吸引学生的注意力，调动他们的学习积极性。通过多媒体技术，教师可以根据不同的教学内容和目标，选择适合的媒体形式，将它们有机地结合起来，形成生动有趣的教学内容。例如，在讲述历史事件时，教师可以利用图片、动画和录像等媒体形式，重现历史事件的发生过程，让学生更加深入地了解历史事件的背景、经过和影响。在讲述自然科学知识时，教师可以利用模拟实验和动画等媒体形式，演示自然现象的形成过程和变化规律，帮助学生更加深入地理解自然科学知识。

多媒体技术的支持还可以为学生提供更加丰富的学习资源和多样化的学习方式。例如，通过互联网和数字化图书馆等资源，学生可以获取大量的学习资料和信息。同时，学生还可以通过在线学习和远程教育等方式，实现自主学习和个性化学习。

### （五）教育信息传输的立体化

网络技术的应用使得教育信息资源可以立体化传输，包括文字、图片、音频、视频等多种形式的信息。这种立体化的传输方式可以更加生动形象地

呈现知识，提高学生的学习兴趣和参与度。同时，网络技术还可以实现信息的双向传输和交互，使得学生和教师之间可以更加便捷地进行交流和合作，提高教育的效果和质量。

## 三、我国教育信息化的发展

我国教育信息化的发展可以追溯到20世纪90年代初，经历了多个阶段的发展历程。以下是一些关键的发展阶段和事件。

### （一）20世纪90年代初至2000年

这一阶段是教育信息化的起步阶段，主要是在各级各类学校中推广计算机和信息技术，建立了一些计算机教室和校园网，开始探索计算机辅助教学和网络教育应用。

### （二）2001年至2010年

这一阶段是教育信息化的快速发展阶段，主要是实施"校校通"工程，推动中小学普及信息技术教育，建设了大规模的数字教育资源库，推广了网络教育和远程教育，实现了教育信息化与学科教学的深度融合。

### （三）2011年至2015年

这一阶段是教育信息化的深化发展阶段，主要是实施"一师—优课—名师—团队"工程，推动优质数字教育资源的共建共享，推广混合式学习和翻转课堂等新型教学模式，加强信息化教学能力和教师信息技术素养的培养。

（四）2016年至今

这一阶段是教育信息化的发展转型阶段，主要是实施"互联网+教育"行动计划，推动数字化校园建设，实现教育信息化与经济社会发展的深度融合，加速推进教育现代化。

在发展过程中，我国政府出台了一系列政策措施，加强了信息化基础设施和数字化教育资源的建设，培养了教师的信息化教学能力和学生的信息技术素养，推动了教育的公平和普及。同时，我国还积极参与国际合作与交流，借鉴其他国家的先进经验和技术，不断提升我国教育信息化的水平。

目前，我国教育信息化已经取得了一定的成果，但仍然存在一些问题和挑战，如数字鸿沟问题、网络安全问题、信息化资源整合不足等。未来，我国将继续加强教育信息化的工作，推动数字化校园建设和数字化学习资源的开发与应用，加强信息化教学能力和教师信息技术素养的培养，促进教育的公平和普及。

# 第三节　教育信息化的发展战略与发展规划

## 一、教育信息化的发展战略

### （一）我国信息化发展的战略方针

我国信息化发展的战略方针是"统筹规划、资源共享，深化应用、务求实效，面向市场、立足创新，军民结合、安全可靠"。这一方针是在总结我国信息化发展经验的基础上提出的，是指导我国信息化发展的重要原则。

1. 统筹规划

信息化发展需要统筹规划，制定总体发展战略和计划，明确发展目标、重点和措施，避免重复建设和资源浪费。

2. 资源共享

信息化发展需要加强资源共享，促进信息资源的整合和共享，提高信息利用效率，避免信息孤岛和重复投入。

3. 深化应用

信息化发展需要深化应用，将信息技术广泛应用于经济、社会、文化、教育等领域，提高信息化对经济社会发展的支撑作用。

4. 务求实效

信息化发展需要务求实效，注重信息化建设的实际效果，提高信息化对政府、企业和个人的服务能力，促进经济社会发展。

5. 面向市场

信息化发展需要面向市场，适应市场需求和发展趋势，发挥市场机制的作用，推动信息化建设和发展。

6. 立足创新

信息化发展需要立足创新，加强信息技术研发和创新，推动信息化与工业化深度融合，提高国家核心竞争力。

7. 军民结合

信息化发展需要军民结合，推动军民融合发展，提高国防和安全保障能力。

8. 安全可靠

信息化发展需要保障信息安全，加强信息安全保障体系的建设和管理，确保国家信息安全。

总之，这一战略方针是我国信息化发展的重要指导思想，需要在实际工作中贯彻落实。

## （二）教育信息化发展的原则

第一，统筹规划、需求导向。制定教育信息化发展规划，整合各类资

源，以满足实际需求为导向，推动信息化与教育教学的深度融合。

第二，加强合作、注重实效。加强政府、企业、学校之间的合作，共同推动教育信息化发展。同时，注重实效，确保信息化教育能够提高教育质量、促进教育公平、提升学生综合素质。

第三，人才为本、项目示范。注重培养信息化人才，提升教师和学生信息素养。同时，实施项目示范，通过示范项目来引领和推动信息化教育的深入发展。

第四，因地制宜、协调发展。根据不同地区、不同学校的特点和需求，因地制宜地开展教育信息化工作。同时，注重协调发展，推动城乡之间、区域之间、学校之间的协调发展。

第五，创新驱动、深度融合。鼓励技术创新和模式创新，推动信息化与教育教学的深度融合，提升教育信息化的水平和效益。

第六，公平公正、开放共享。坚持公平公正原则，让每个人都能平等地享受教育信息化带来的好处。同时，推动教育资源的开放共享，提高教育资源的利用效率。

第七，安全可靠、规范有序。加强信息安全保障体系的建设和管理，确保国家信息安全。同时，规范教育信息化各项工作，推动信息化教育的有序发展。

这些指导思想和原则是指导我国教育信息化发展的重要思想和准则，需要在实际工作中贯彻落实。通过加强统筹规划、合作协调、人才培养和项目示范等措施，推动教育信息化的发展，为培养国家信息化发展中的人才作出贡献。

## 二、教育信息化的发展规划

### （一）依靠教育信息化，实现高等教育的跨越式发展

依靠教育信息化实现高等教育的跨越式发展是一个复杂而又必要的任

务。教育信息化可以为高等教育提供许多优势，如提高教学质量、促进科研创新、优化教育资源管理等。以下是几个建议，以实现高等教育的跨越式发展。

1. 建设数字化校园

数字化校园是教育信息化的重要基础，包括校园网络、数据中心、云计算平台、移动应用等。通过建设数字化校园，可以促进信息技术与教育教学的深度融合，提高教育教学的效率和质量。

2. 推广在线教育

在线教育可以突破时间和空间的限制，提供更加灵活和个性化的学习方式。通过建设高质量的在线课程和开展在线教学活动，可以扩大高等教育受众面，提高教育资源的利用效率。

3. 实施数字化科研

数字化科研可以促进科研的信息化和智能化，提高科研的效率和质量。通过建设数字化科研平台，可以汇聚科研资源和力量，推动跨学科、跨领域的合作和创新。

4. 优化教育资源管理

教育信息化可以提高教育资源管理的效率和精度，优化教育资源的配置和使用。通过建设数字化教育资源库和教育管理平台，可以实现教育资源的共享和优化，提高高等教育的整体水平。

5. 加强教师培训

教师是推进高等教育信息化的重要力量，需要加强教师培训，提高教师的信息技术应用能力和信息化素养。通过开展定期的教师培训和技术交流活动，可以提升教师的信息技术能力和水平，推动信息技术与教育教学的深度融合。

6. 创新合作模式

高等教育信息化需要创新合作模式，促进高校之间、高校与企业之间的合作和交流。通过建立合作机制和搭建合作平台，可以汇聚优势资源和力量，推动高等教育的协同发展和共赢。

### （二）把教师队伍建设作为教育信息化建设的重点

教师队伍建设是教育信息化建设的重点。为了帮助提高教师在教学过程中对现代技术设备的利用效率，可以做到以下几点。

1. 增强教师信息技术应用能力培训

针对当前教师对新技术设备应用不熟练的问题，应加强对教师的信息技术应用能力培训。这包括基本的计算机操作、多媒体教学软件的使用、网络资源的获取和利用等。通过定期的培训和技术交流活动，提高教师的信息技术应用能力和素养，使教师能够熟练地运用新技术设备进行课堂教学。

2. 创新教学模式

教育信息化要求教师改变传统的教学模式，积极探索基于现代技术设备的新的教学模式。例如，利用在线课程、网络研讨会、多媒体教学资源等开展混合式教学，将传统课堂与数字化学习环境有机结合，提高教学效果。

3. 提供优质数字化教学资源

教育部门和学校应积极开发优质数字化教学资源，包括各类在线课程、多媒体教材、实验模拟软件等，为教师提供丰富的教学素材和工具。这样，教师就能利用这些资源进行课堂教学，提高教学的效率和质量。

4. 建立教师信息技术应用评价机制

为了激励教师积极应用新技术设备，应建立相应的评价机制。通过对教师使用新技术设备的情况进行定期评价，将评价结果与教师的绩效考核、晋升等挂钩，从而激励教师重视信息技术在课堂教学中的应用。

5. 加强教师之间的交流与合作

通过组织教师参加校际、地区甚至全国性的教学交流活动，促进教师之间的经验分享和合作。这样，教师可以共同探讨如何更好地利用新技术设备进行教学，相互学习、共同进步。

### （三）完善资源库建设，实现资源共享

目前的学科整合存在一些挑战，其中之一就是资源共享的问题。这不仅涉及技术层面的限制，也涉及观念和合作机制的问题。在实现资源共享方

面，我们可以考虑以下策略。

1. 建立共享平台

学校或地区可以建立一个共享平台，用于存储和共享各类教育资源。这可以是一个在线的资源库、云存储平台，或者是一个数字化的教育资源管理系统。

2. 制定资源共享政策

政策是推动资源共享的重要手段。学校或地区应该制定相关的政策，鼓励和要求教师们共享他们的资源。同时，也可以设立一些奖励机制，表彰那些在资源共享中作出积极贡献的教师或团队。

3. 培训教师

许多教师可能对如何有效地共享和使用数字化资源感到不熟悉。因此，提供相关的培训和技术支持是必要的。这可以帮助教师们了解如何上传和共享他们的教学资源，以及如何有效地使用这些资源来提高教学质量。

4. 建立合作机制

实现区域范围内的资源共享需要建立跨学校、跨地区的合作机制。这可以通过定期的研讨会、交流活动等方式来实现。同时，也可以考虑建立校际或地区的资源共享联盟，以促进更紧密的合作。

5. 转变观念

改变教师和学校领导对于资源共享的观念是至关重要的。需要让他们理解，资源共享不仅是一种责任，也是一种机会。通过共享资源，他们可以扩大自己的教学影响力，提高教学质量，同时也可以从其他教师的资源中学习和获得灵感。

如果不能实现资源共享，教育信息化确实会失去其意义，也无法实现全方位的教育现代化。因此，建立有效的资源共享机制是推进教育信息化建设的关键步骤之一。这需要我们从技术、政策、培训、合作和观念等多个方面入手，全面推动资源共享的实现和发展。

# 第四节　教育信息化对教育的影响

教育信息化对教育产生了深远的影响，以下从教学内容和方式、教师角色、学生主体地位、教育资源普及和共享以及推动教育改革和创新五个方面进行详细论述。

## 一、教学内容和方式的变革

信息化教育带来了教学内容和方式的全面优化。现代信息技术的引入，特别是计算机和网络的应用，为教育教学带来了革命性的变化。

首先，现代信息技术提供了全新的阅读方式，使得阅读变得更加有趣和高效。电子多媒体读物使得阅读与感受、体验结合在一起，从而大大提高了阅读的趣味性。这种阅读方式不仅可以提供丰富的视觉体验，还可以通过音频、视频、动画等形式，将阅读内容更加生动、形象地呈现给读者，从而加深对阅读内容的理解和记忆。

其次，计算机及网络的联想功能、非线性地组织和管理信息，为高效的检索式阅读方式提供了条件。通过计算机和网络，我们可以方便地搜索和查找所需的信息，使得阅读变得更加高效和便捷。这种阅读方式也使得我们能够更加主动地获取信息，从而更好地满足个性化的学习需求。

此外，信息化教育也促进了教学方式和学习方式的更新。传统的教材、教参、黑板、粉笔等载体和手段可以被计算机及网络所提供的集成化的教学环境所取代。例如，多媒体学习系统、资料库、演示环境、辅助学习工具、师生交互环境等，都为现代化的教育教学提供了更加丰富、灵活、高效的教学方式和手段。

在信息化时代，教育教学不再受制于时间和空间的限制，也不再局限于传统的教材和教学方法。借助网络和多媒体技术，我们可以实现远

程教育、在线课程、虚拟实验室等多样化的教育形式，为学生提供更加丰富、灵活的学习体验。同时，大数据分析、人工智能等新技术的应用，也为教育教学提供了更加科学、精准的决策支持，使得教育更具个性化。

## 二、教师角色的转变

在传统的教育模式中，教师通常是知识的传授者，主要责任是为学生传递知识，而学生则处于被动接受知识的地位。然而，在信息化教育中，这种角色分工已经不再适应新时代的需求。

在信息化教育中，教师不再仅仅是知识的传授者，而是成为学生学习的引导者和辅助者。他们可以利用多媒体充分表达教学意图，帮助学生更好地理解和掌握知识。学生可以通过下载学习软件、网上查询资料，通过电子邮件或BBS等与教师、同学交互联系等方式来完成学业。这种教育模式更加注重学生的主动性和创造性，培养他们的自主学习和协作学习能力。

在这种模式下，教师的角色变得更加重要。他们需要具备更高的专业素养和教育能力，能够灵活运用信息技术和多媒体资源，引导学生主动参与学习过程，帮助他们解决学习中遇到的问题。同时，教师还需要具备与学生进行交流和沟通的能力，了解学生的需求和特点，为他们提供个性化的教学指导和支持。

信息化教育对教师提出了更高的要求，但同时也为他们提供了更好的教学环境和更多的教育资源。通过信息技术的应用，教师可以更好地激发学生的主动性和创造性，培养他们的自主学习和协作学习能力。这种教育模式不仅可以提高学生的学习效果，还可以促进他们的全面发展，培养适应未来社会需求的人才。

需要注意的是，信息化教育并不是要完全取代传统的教学模式，而是为其注入新的元素和活力。我们应该在传统模式的基础上，充分应用现代信息技术和多媒体资源，探索新的教育模式和方法，以更好地满足新时代的需求。

### 三、学生主体地位的强化

信息化教育强化了学生的主体地位。学生可以借助信息技术平台和数字化学习资源进行自主学习和个性化学习，这使得学生的学习更加主动和积极。同时，信息化教育也促进了学生之间的交流和协作，有利于培养学生的团队合作和沟通能力。这种个性化学习和自主学习能力是未来社会所需人才的重要素质之一。

### 四、教育资源的普及和共享

信息化教育有利于教育资源的普及和共享。数字化教育资源可以通过网络广泛传播，使得更多的人能够获取优质的教育资源。这不仅有助于缩小城乡和不同地区之间的教育差距，还有助于提高教育的公平性和普及程度。同时，网络教育资源的共享也有利于推动教育教学改革和创新，提高教育质量和效率。

### 五、推动教育改革和创新

信息化教育是推动教育改革和创新的重要动力。信息化教育的普及和发展，使得传统的教学模式和教育体制逐渐向现代化和多元化转变。这为教育者提供了更多的教学方法和手段，同时也带来了新的教育理念和教育模式。这些变化有利于提高教育的质量和效率，推动教育的创新和发展。同时，信息化教育也加速了教育信息化的进程，推动了教育现代化的发展。

总之，教育信息化对教育产生了深远的影响，这些影响不仅体现在教学

内容和方式的变革上，还体现在教师角色、学生主体地位、教育资源普及和共享以及推动教育改革和创新等方面。这些影响有助于提高教育的质量和效率，促进教育的公平和发展。同时，我们也需要不断探索和创新信息化教育的应用和发展，以更好地适应未来社会对人才的需求。

# 第五节 虚拟现实技术在教育教学中的应用

## 一、虚拟现实技术概述

### （一）虚拟现实技术的定义

虚拟现实技术是一种可以创建和体验虚拟世界的计算机仿真系统，它利用计算机生成一种模拟环境，是一种多源信息融合的、交互式的三维动态视景和实体行为的系统仿真，并使用户沉浸到该环境中。它通过计算机技术、传感器技术、多媒体技术、网络技术等多种技术的集成，将用户引入一个由计算机生成的三维虚拟环境，实现用户与虚拟环境的互动和交互。

### （二）虚拟现实技术的特征

虚拟现实技术的特征主要包括以下几个方面（图1-7）。

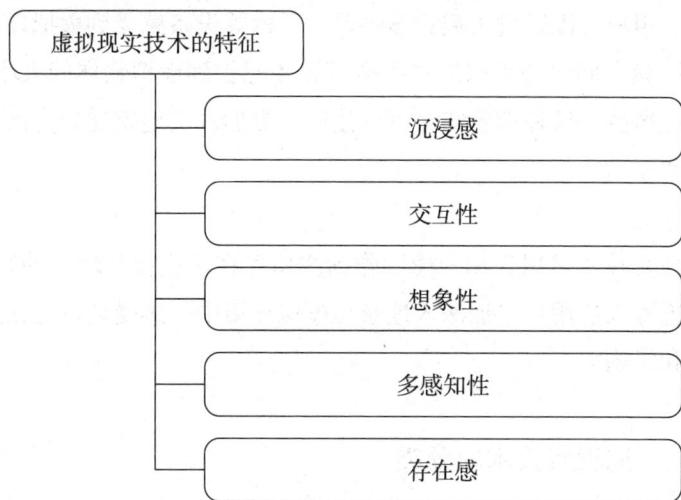

图1-7　虚拟现实技术的特征

1.沉浸感

虚拟现实技术可以生成一种逼真的三维虚拟环境，用户可以通过头戴式显示器、手柄等设备进行操作，仿佛身临其境地进入这个虚拟世界。这种沉浸感可以让用户完全沉浸在虚拟环境中，专注于与虚拟物体的交互和体验，而忽略了现实世界中的干扰和影响。

2.交互性

虚拟现实技术允许用户与虚拟环境进行自然交互，用户可以通过手势、头部转动、身体移动等动作来操作虚拟物体，同时得到相应的反馈，如物体的形状、大小、重量等感官体验。这种交互性使得用户能够更加真实地感受到自己与虚拟环境的联系和互动。

3.想象性

虚拟现实技术可以激发用户的想象力和创造力，用户可以在虚拟环境中进行探索和学习，获取新的知识和技能。同时，虚拟现实技术还可以通过模拟现实生活中的场景和事件，帮助用户更好地理解和掌握现实世界中的知识和技能。

4.多感知性

虚拟现实技术可以提供多种感知体验，包括视觉、听觉、触觉、味觉等

感官体验。用户可以通过头戴式显示器、手柄等设备感受到虚拟环境中的视觉和听觉刺激，同时还可以通过手柄等设备感受到虚拟物体的大小、形状、重量等物理属性。这种多感知性可以让用户更加真实地感受到自己与虚拟环境的联系和互动。

5. 存在感

虚拟现实技术可以让用户感到作为主角存在于模拟环境中的真实程度。这种存在感可以让用户更加深入地参与虚拟环境中，感受到自己在虚拟世界中的存在和影响力。

## （三）虚拟现实技术的分类

虚拟现实技术可以根据不同的特征和用途进行分类。其中，比较常见的分类方式包括根据沉浸式体验角度和系统功能角度进行分类。

1. 根据沉浸式体验角度分类

（1）非交互式体验

这种类型的虚拟现实技术主要通过计算机生成虚拟环境，用户通过显示器等设备观察虚拟世界，但无法与虚拟环境进行自然交互。例如，通过头戴式显示器欣赏一场虚拟的音乐会，可以看到逼真的场景和表演，但无法与演员或观众进行互动。

（2）人—虚拟环境交互式体验

这种类型的虚拟现实技术允许用户通过控制器、手柄等外部设备与虚拟环境进行交互，实现更加逼真的体验。例如，在虚拟游戏中，用户可以通过手柄操作游戏角色进行战斗、探索等行动，同时感受到游戏角色的动作和反应。

（3）群体—虚拟环境交互式体验

这种类型的虚拟现实技术允许多个用户通过外部设备同时在虚拟环境中进行交互和体验，实现多人共享的虚拟体验。例如，多个用户可以在虚拟会议室中同时参加讨论，或者在虚拟城市中一起逛街、购物等。

2. 根据系统功能角度分类

（1）规划设计类虚拟现实

这种类型的虚拟现实技术主要用于新设施的实验验证，通过模拟实际环境中的条件和限制，帮助设计师进行规划和设计。例如，建筑师可以使用虚拟现实技术模拟建筑物的外观、布局和内部设计，以更好地满足用户需求和规范要求。

（2）展示娱乐类虚拟现实

这种类型的虚拟现实技术主要用于提供给用户逼真的观赏体验，如游戏、电影等娱乐活动。它可以让用户完全沉浸在虚拟环境中，享受身临其境的感受。

（3）训练演练类虚拟现实

这种类型的虚拟现实技术可以应用于各种危险环境及一些难以获得操作对象或实操成本极高的领域，如军事训练、医疗培训等。它可以通过模拟实际环境和情况，帮助用户进行技能训练和应急演练，提高用户的技能水平和应对能力。

此外，还有一种比较流行的分类方式是根据虚拟现实技术的发展阶段进行分类。根据这种分类方式，虚拟现实技术可以分为第一代、第二代和第三代虚拟现实技术。第一代虚拟现实技术主要基于头戴式显示器、手柄等简单设备实现沉浸式体验，但缺乏真实感和交互性。第二代虚拟现实技术引入了更多的传感器和设备，提高了交互性和逼真感，但仍然存在一些限制和不足。第三代虚拟现实技术则进一步引入了人工智能、全息技术等先进技术，实现了更加真实、自然的体验和交互。

总之，根据不同的特征和用途，虚拟现实技术可以有多种分类方式。不同的分类方式可以突出不同的特征和用途，有助于更好地理解和应用虚拟现实技术。

## 二、虚拟现实技术在教育领域的应用

虚拟现实技术在教育中的应用主要有以下几个方面。

（一）模拟训练

利用虚拟现实技术，可以模拟出各种实际场景，供学生进行训练。例如，在医学领域，可以模拟手术室的环境，让学生进行手术模拟训练，提高其实操技能；在军事领域，可以模拟战场环境，让学生进行作战模拟训练，提高其作战能力。

（二）虚拟校园

虚拟校园是虚拟现实技术在教育培训领域的一种重要应用，它可以提供一种沉浸式的、交互式的虚拟环境，使学生能够更好地理解和掌握知识，提高学习效果。虚拟校园的应用层面包括以下三个。

1.简单的虚拟校园环境

这种应用层面主要是提供一种虚拟的校园环境，供游客进行浏览和观光。这种应用层面主要是为了展示校园的环境、建筑、设施等基本信息，以及校园的历史和文化等。

2.功能相对完整的三维可视化虚拟校园

这种应用层面主要是以学员为中心，加入一系列人性化的功能，如虚拟教室、虚拟实验室、虚拟图书馆等。这些功能可以帮助学生更好地进行自主学习和合作学习，提高学习效果。

3.虚拟现实技术助力虚拟远程教育

这种应用层面主要是利用虚拟现实技术作为远程教育的基础，提供一种可移动的电子教学场所。这种应用层面可以帮助学生更好地理解和掌握知识，同时也可以提高学生的学习效果和兴趣。

总之，虚拟现实技术的应用可以为学生提供更加真实、生动的学习体验，帮助学生更好地理解和掌握知识，提高学习效果。同时，虚拟校园也可以为高校扩大招生后设置的分校和远程教育教学点提供可移动的电子教学场所，从而更好地满足不同程度的需求。

## （三）交互式教学

虚拟现实技术可以让学生在一个虚拟环境中与物体、其他学生、教师等进行交互，从而提高学生的参与度和学习效果。例如，在科学领域，可以让学生通过虚拟现实技术观察到原子的结构、微生物的生存环境等真实世界中难以观察到的现象，并通过交互式学习，深入理解科学原理。

## （四）虚拟实验室

利用虚拟现实技术，可以建立各种虚拟实验室，供学生进行实验操作。例如，在化学领域，可以建立虚拟化学实验室，让学生进行化学实验操作，提高其对化学知识的理解和掌握。

## （五）创新教育

虚拟现实技术可以为学生提供开放性的学习环境，有利于培养学生的创新思维和创新能力。例如，在艺术领域，可以利用虚拟现实技术进行绘画、音乐创作等艺术活动，让学生发挥自己的想象力和创造力。

总之，虚拟现实技术在教育中的应用具有广泛的前景和潜力，它可以为学生提供逼真、交互式的学习体验，提高学生的学习效果和兴趣。同时也可以为教师提供更加灵活、多样化的教学方式和工具，提高教学效果和质量。

# 三、虚拟现实技术的未来发展趋势

虚拟现实技术的未来发展趋势可以从多个方面进行预测，具体来说，主要包括以下几方面。

## （一）更高的分辨率和更广的视野

随着技术的不断进步，虚拟现实设备将提供更高的分辨率和更广的视野，以提供更加逼真、沉浸式的体验。这将有助于提高用户的体验感和真实感。

## （二）更轻、更小、更舒适的设备

目前的虚拟现实设备还存在一些问题，如重量、大小和舒适性等方面的问题。未来的虚拟现实设备将更加轻巧、舒适，以提高用户的使用体验。

## （三）更自然的交互方式

虚拟现实技术将提供更多的交互方式，如使用手势、语音和头部追踪等方式，以更自然的方式与虚拟环境进行交互。这将使用户能够更加自然、直观地与虚拟环境进行交互。

## （四）更强大的计算和图形处理能力

未来的虚拟现实设备将需要更强大的计算和图形处理能力，以提供更加复杂、逼真的虚拟环境。这将需要技术的不断升级和创新。

## （五）更广泛的应用场景

随着虚拟现实技术的不断发展，其应用场景也将越来越广泛。除了游戏、娱乐等领域外，虚拟现实技术还将应用于教育、医疗、工业等领域，为各种领域提供更多的创新应用。

## （六）融合多种技术

虚拟现实技术将与多种技术进行融合和创新，如5G、AI、4K/8K、互联网等新型技术，以实现更加强大、多样化的功能和应用。这将有助于推动虚拟现实技术的不断发展和应用。

总之，虚拟现实技术的未来发展趋势是多方面的，这些趋势将有助于推动虚拟现实技术的不断发展和应用，为人们的生活和工作带来更多的便利和创新。

# 第六节　人工智能技术在教育教学中的应用

## 一、人工智能概述

### （一）人工智能的定义

人工智能（Artificial Intelligence，AI）是一种以计算机科学为基础，由计算机、心理学、哲学等多学科交叉融合的交叉学科、新兴学科。它是研究、开发用于模拟、延伸和扩展人的智能的理论、方法、技术及应用系统的一门新的技术科学，企图了解智能的实质，并生产出一种全新的能以与人类智能相似的方式做出反应的智能机器。该领域的研究包括机器人、语言识别、图像识别、自然语言处理和专家系统等。人工智能的本质是模拟人类的思考、认知和决策过程，通过机器学习和深度学习等技术，使机器能够像人类一样进行智能化的操作。

### （二）人工智能的起源与发展

人工智能的起源可以追溯到17世纪的帕斯卡和莱布尼茨，他们提出了构建有智能的机器的想法。然而，人工智能的发展并不是一帆风顺的。由于消解法推理能力的有限，以及机器翻译等的失败，人工智能在20世纪50年代曾

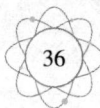

走入低谷。但随着专家系统的出现，人工智能研究出现了新的高潮。专家系统是一种能够运用人类专家的知识和经验来解决特定领域中复杂问题的智能系统，它们的出现和应用极大地推动了人工智能的发展。

进入20世纪80年代，随着第五代计算机的研制，人工智能得到了很大的发展。第五代计算机是一种全新的计算机系统，它能够模拟人类的智能行为，并具有推理、联想、学习和解释等功能。同时，人工智能的应用领域也在不断扩大，包括自然语言处理、机器学习、图像识别、智能控制等多个领域。

目前，人工智能已经成为当今世界最为炙手可热的新技术方向之一。无论是国家层面还是企业层面，都在积极布局人工智能的技术研发和应用推广。在未来的发展中，人工智能将会继续朝着应用导向型和技术导向型两个方向发展。其中，应用导向型主要关注如何将人工智能技术应用到各个领域中，提高生产效率和生活质量；而技术导向型则更加关注人工智能技术的理论研究和算法优化。

## 二、人工智能在教育领域的应用

人工智能在教育领域的应用已经逐渐普及，并带来了许多创新和改变。以下是一些主要的应用方面。

### （一）自适应教育

自适应教育是人工智能在教育领域的重要应用之一。它通过分析学生的学习情况和需求，自动调整教学策略和内容，以提供更加个性化的学习体验。这种教育方式可以更好地满足学生的需求，提高学习效果。

## （二）智能辅助教学

智能辅助教学是一种利用人工智能技术来辅助教师进行教学的方式。它可以自动生成教学计划、提供学习资源、评估学生的学习成果等。这种辅助教学方式可以提高教师的教学效率和质量，同时也可以帮助学生更好地理解和掌握知识。

## （三）机器学习平台

机器学习平台是一种利用人工智能技术来提供学习支持的方式。它可以为学生提供大量的学习资源和在线课程，同时也可以根据学生的学习情况和需求，提供更加个性化的学习建议和指导。

## （四）智能评估和反馈

智能评估和反馈是人工智能在教育领域的另一个应用。它可以对学生的作业、考试等学习成果进行自动评估和反馈，同时也可以依据学生的不同学习情况和表现，更加有针对性地提出学习建议和指导。

## （五）智能教育资源

智能教育资源是一种利用人工智能技术来管理和优化教育资源的方式。它可以为学生和教师提供更加便捷、高效的教育资源获取方式，同时也可以基于对学生的学习情况和需求的智能化分析，给出更加有参考性的学习建议和指导。

# 第二章 信息化时代现代教育教学的理论基础

信息化时代现代教育教学是适应信息化社会的发展和需求的一种教育教学方式。其以信息技术手段为支撑，创新教学方式和方法，提高教学效果和管理效率。培养学生的创新能力和信息素养，推动教育的现代化发展。本章即对信息化时代现代教育教学的理论基础进行简要阐述。

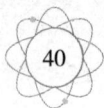

# 第一节　学习理论

学习理论是心理学中一个非常重要的领域，它研究人类学习的本质和过程，以及各种因素如何影响学习。学习理论的发展历程包括了众多不同的流派，其中最具影响力的包括行为主义学习理论、认知主义学习理论和建构主义学习理论。

## 一、行为主义学习理论

行为主义学习理论在20世纪初开始盛行，通过观察和研究人类的行为，得出结论认为学习是建立刺激与反应之间的联结和联想，而强化是促进这种联结的重要手段。行为主义学习理论强调了外部环境对学习的影响，并认为学习可以通过反复的刺激和反应来形成。其代表人物包括巴甫洛夫、华生、桑代克、斯金纳和班杜拉等，他们都提出了各自的行为主义学习理论。

### （一）巴甫洛夫的经典条件反射理论

巴甫洛夫的经典条件反射理论是一种心理学理论，指的是在一定条件下，外界刺激与有机体反应之间建立起来的暂时神经联系。这种联系通常是在一个无条件刺激（unconditioned stimulus，UCS）和一个无条件反应（unconditioned response，UCR）之间形成的。例如，在巴甫洛夫最为著名的一个实验是关于狗的唾液条件反射的研究，实验中，食物是无条件刺激，而唾液是无条件反应。在反复将食物和铃声等中性刺激（conditioned stimulus，CS）一起呈现之后，狗开始对铃声产生唾液分泌的条件反应（conditioned response，CR），即铃声成为条件刺激。这意味着，条件刺激和条件反应之间形成了一种新的暂时神经联系。这种联系通常需要通过强化来巩固，因为条件反射会因得不到无条件刺激强化而消退。然而，如果条件反射消退后，再给予条件刺激，条件反射可以恢复，这被称为"恢复性反应"。此外，经典条件反射还具有泛化和分化的特点。泛化是指条件反射可以由与条件刺激相似的刺激引起，分化则是指在条件反射建立的初期，相似刺激能引起条件反射，但随着用无条件刺激对不同刺激进行强化或消退，就建立分化条件反射。

经典条件反射理论在心理学和教育领域有广泛的应用。例如，在行为疗法中，经典条件反射理论被用来解释和治疗各种行为问题。此外，经典条件反射理论也用于解释人类情感和认知过程的形成和发展。

### （二）华生的行为主义学习理论

华生的行为主义学习理论主要关注的是环境对行为的影响。他主张心理学只应该研究可被客观观察和测量的行为，而不是研究意识等无法直接观察和测量的现象。在华生看来，人类的行为都是由环境中的刺激引发的，而学习就是在这些刺激与个体反应之间建立联结的过程。

华生认为，人类的行为都有一个固定的顺序，这个顺序是由习惯的力量决定的。这些习惯的形成，都是由于在环境中的反复刺激和反应。他强调了环境对儿童发展的重要作用，认为儿童在成长过程中会逐渐形成各种习惯系统，这些习惯系统会影响他们以后的行为和反应。

华生还提出了"刺激-反应"的公式，即S-R（Stimulus-Response）。在这个公式中，S代表刺激，R代表反应，也就是一个刺激引发的一个反应。他认为，人类的行为就是这样被环境和刺激所决定的。

总的来说，华生的行为主义学习理论强调了环境对学习的重要性，认为学习是通过反复的刺激和反应而建立的联结和习惯。这种理论对于现代心理学和教育实践都有重要的影响。

### （三）桑代克的试误学习理论

桑代克认为人和动物的学习都是通过尝试错误的方式逐渐形成刺激与反

应之间的联结。这种联结的形成是学习的实质，也是学习的过程。

桑代克认为，学习是通过刺激和反应之间的联结而形成的。这种联结是通过尝试与错误的过程而建立的，是随着错误反应的逐渐减少和正确反应的逐渐增加而形成的。这种学习理论强调了环境对学习的重要性，认为学习是在一定的刺激情境中发生的，个体通过反复尝试错误来建立刺激与反应之间的联结。

桑代克还提出了三条重要的学习原则，即准备律、练习律和效果律。准备律是指当学习者有准备而给以活动就感到满意，有准备而不活动则感到烦恼，学习者无准备而强制以活动也会感到烦恼。练习律是指一个已形成的可以改变的联结的应用会增强这个联结的力量，而联结的失用（不练习）则会使联结减弱。效果律是指情境与反应之间的联结因伴随着满意的结果而增强，因伴随着烦恼的结果而减弱。

桑代克的试误学习理论对学校的教育教学实践产生了重要影响。他的理论启示教师根据学生的实际情况采用不同的教学方法，并重视在学生的学习过程中给予反馈，及时调整教学策略，帮助学生形成良好的学习习惯。同时，桑代克的理论也为我们提供了理解和改进教育教学方法的重要依据。

然而，桑代克的试误学习理论也存在一些缺陷。例如，它过于强调机械学习和简单化，没有充分考虑到人类学习的主观能动性和复杂性。此外，桑代克的理论对学习过程中的认知和思考因素不够重视，这也是该理论的局限性之一。

## （四）斯金纳的操作性条件反射理论

斯金纳的操作性条件反射理论是一种心理学理论，认为行为是环境刺激和个体反应之间的相互作用的结果。这种理论强调了环境对行为的影响，认为行为的发生和改变都是强化（奖励或惩罚）的结果。

斯金纳认为，所有的行为都可以分为两类：应答性行为和操作性行为。应答性行为是由已知的刺激引起的，而操作性行为是由有机体自身发出的。他把条件反射也分为两类：经典性条件反射和操作性条件反射。

操作性条件反射是斯金纳操作主义学习理论的核心。他认为，行为的发

生是由环境刺激和个体反应之间的相互作用决定的。当一个行为得到奖励或惩罚时，该行为在未来的发生概率会增加或减少。这就是强化理论的核心概念。

强化理论认为，任何学习（行为）的发生、变化都是强化的结果。强化可以分为正强化和负强化。正强化是指呈现某事物，增加某种刺激，导致有机体行为表现反应概率增加，刺激的作用就是正强化。负强化是指某种刺激在有机体做出一个操作反应后消失，反应概率增加，该刺激产生的作用就是负强化。

斯金纳的操作性条件反射理论对教育实践产生了深远的影响。教师们可以利用操作性条件反射的原理来帮助学生形成良好的习惯和行为。例如，正强化可以用来增加学生做好事的频率，负强化可以用来减少学生不良行为的发生。同时，教师还可以通过调整奖励和惩罚的方式来帮助学生建立正确的价值观和道德观念。

然而，斯金纳的操作性条件反射理论也存在一些局限性。例如，它过于强调环境对行为的决定性作用，忽视了人类主观能动性的重要性。此外，该理论难以解释一些复杂的人类行为和社会现象，如情感、意志、人际交往等。因此，在教育实践中应用操作性条件反射理论时需要结合实际情况进行灵活运用。

## （五）班杜拉的社会学习理论

班杜拉的社会学习理论关注的是人类行为、人的学习以及个体在社会背景下的心理发展。他的理论主张人的行为是受社会环境影响的结果，并且人可以通过观察和模仿他人的行为来学习。

班杜拉的社会学习理论主要包括观察学习、自我效能和行为适应与治疗等内容。观察学习是指人们通过观察他人的行为及其强化结果来习得新的行为。班杜拉认为，观察学习不需要直接的外显操作，只需要通过观察就可以获得新的行为反应。这种学习方式使得人们在没有直接经验的情况下，也可以习得新的行为。

自我效能是指个体对自己能力的评价和判断。班杜拉认为，自我效能是

行为习得和表现的重要因素。个体只有在相信自己能够胜任某项任务时，才会积极地去追求和完成它。因此，自我效能对于个体的行为表现和适应能力具有重要影响。

班杜拉还提出了行为适应与治疗的概念。他认为，人的行为是可以根据环境的要求进行适应和改变的。行为适应是指个体为了适应新的环境要求而调整自己的行为反应；行为治疗则是指通过特定的训练程序来改变不良行为反应。这些概念为理解和改善人类行为提供了重要的思路。

班杜拉的社会学习理论对教育实践具有重要的指导意义。例如，观察学习对于解释学生的行为习得和模仿具有重要的启示作用，可以帮助教师更好地设计和实施教学策略；自我效能的概念可以用于帮助学生建立自信心和提高自我评价能力；行为适应与治疗的概念则可以用于理解和改善学生的不良行为反应，促进他们的健康发展。

## 二、认知主义学习理论

认知主义学习理论认为学习不是简单的、机械的刺激和反应的联结，而是学习者内部信息加工的过程。这个过程包括对信息的获取、加工、储存和应用。认知主义强调学习者在学习过程中积极主动地参与，认为学习是在原有知识基础上对新知识进行建构的过程。认知主义学习理论是从格式塔心理学起源的，代表性的人物有魏特海默、科勒、托尔曼、布鲁纳、奥苏贝尔和加涅等。下面具体分析一下格式塔学习理论以及布鲁纳、奥苏贝尔和加涅的认知主义学习理论。

### （一）格式塔学习理论

格式塔学习理论，也称为"完形学习理论"，是由德国心理学家马克斯·韦特海默、沃尔夫冈·苛勒和科特·科夫卡在20世纪初提出的。该理论强调了人类和高等动物的学习模式，主张学习不是对个别刺激作出个别反

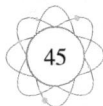

应，而是对整个情境作出有组织的反应。格式塔学习理论有以下几个主要的观点（表2-1）。

表2-1　格式塔学习理论的主要观点

| 主要观点 | 具体阐述 |
| --- | --- |
| 接近原则 | 在格式塔心理学中，接近原则是指距离相近或位置接近的元素倾向于组成一个整体 |
| 相似原则 | 在格式塔心理学中，相似原则是指在某些方面（如大小、颜色、形状等）相似的元素倾向于组成一个整体 |
| 闭合原则 | 在格式塔心理学中，闭合原则是指构成闭合造型的元素倾向于组成一个整体 |
| 连续原则 | 在格式塔心理学中，连续原则是指当发现一个视觉规律后，倾向于将对象按规律延续下去 |

格式塔学习理论还强调了顿悟学习，认为人类和高等动物的学习不是通过尝试错误逐渐形成的，而是通过顿悟（insight）实现的。这种顿悟来自对整个问题或情境的理解和把握，而不是对局部细节的分析和尝试。

总的来说，格式塔学习理论是一种反对元素分析而强调整体组织的心理学理论。该派认为任何心理现象都是一个格式塔。这种学习理论对于现代心理学和教育实践都有重要的影响，特别是在设计方面，它提醒人们关注整体感和设计元素的组合方式。

## （二）布鲁纳的认知结构学习理论

布鲁纳的认知结构学习理论是由美国教育心理学家布鲁纳创立的。他认为，学习的实质是学习者把同类事物联系起来，并把它们组织成赋予它们意义的结构。学习就是认知结构的组织和重新组织。知识的学习就是在学生的头脑中形成各学科知识的知识结构。这种知识结构是由学科知识中的基本概念、基本思想或原理组成的。知识结构的结构形式是通过人的编码系统的编码方式构成的，并可通过三种再现模式表现出来。一种知识结构的价值，决定于它简化资料、产生新命题和增强使用一种知识的能力。

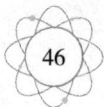

布鲁纳的认知结构学习理论以发展学习者的智力为宗旨，以知识结构论为核心，以发现式学习为主要学习方法，在此过程中伴随着对学习者情感态度的培养。

### （三）奥苏贝尔的认知同化学习理论

奥苏贝尔的认知同化学习理论，也称为"认知结构主义学习理论"，是一种关于学习和记忆的心理学理论。该理论强调个体已有的知识和经验对于学习的影响，以及新知识如何与已有知识相融合和理解的过程。

根据奥苏贝尔的理论，学习的核心是建立和调整认知结构。认知结构是个体心智中的一系列概念、思维模式和知识组织方式。在学习过程中，新的信息和知识通过与已有的认知结构相联系和融合，被同化到已有的知识框架中。这种同化的过程可以使学习更加有意义和易于理解。

奥苏贝尔的认知同化学习理论还提出了三种主要的学习方式。

第一，类属学习，也称为"下位学习"，是指在知识学习中新知识与原有知识的部分关联，把新知识归入认知结构中的有关部分的过程。

第二，总括学习，也称为"上位学习"，指原有知识为从属概念，新知识为上位概念。

第三，并列组合学习，指新概念与认知结构中的原有知识既不能产生类属关系，也不能产生总括关系，新旧知识为并列组合关系。

总的来说，奥苏贝尔的认知同化学习理论强调了学习者主动性和已有知识经验在新的学习中的重要性，以及新旧知识相互联系和融合的关键作用。

### （四）加涅的信息加工认知学习理论

加涅的信息加工认知学习理论是指将人视为信息加工的机制，把认知过程视为对信息的加工处理过程。这种理论主张人类的学习和记忆都是信息处理的过程，而且这个过程是有阶段性的。

加涅的信息加工认知学习理论认为，学习过程可以被划分为八个阶段：动机、了解、获得、保持、回忆、概括、操作和反馈。这些阶段是按照一定

的顺序进行的，每个阶段都有其特定的目标和学习活动。

在动机阶段，学生被激发去关注学习任务并产生学习的意愿。在了解阶段，学生将注意力转移到学习任务上来，并开始了解任务的内容。在获得阶段，学生将新的信息编码并存储到短时记忆中。在保持阶段，学生将信息从短时记忆转移到长时记忆中。在回忆阶段，学生需要从长时记忆中检索信息并将其带到工作记忆中。在概括阶段，学生将新学的知识应用到不同的情境中，以实现知识的迁移。在操作阶段，学生将所学知识转化为技能，以便在实际应用中能够自动化地执行。在反馈阶段，学生得到关于他们的学习结果的信息，以便调整他们的学习策略。

加涅的信息加工认知学习理论还强调了教师的作用。教师需要根据学生的学习风格和特点来设计有效的教学策略，并提供适当的学习支持和反馈，以帮助学生成功地完成学习任务。

总之，加涅的信息加工认知学习理论为我们理解人类的学习过程提供了一种有力的框架，帮助我们更好地设计和改进教学方法，提高学生的学习效果。

## 三、建构主义学习理论

建构主义学习理论是认知心理学派中的一个分支，主要代表人物有皮亚杰、科恩伯格、斯滕伯格等。该理论认为学习是引导学生从原有经验出发，生长（建构）起新的经验。认为学习是一个主动的、社会性的、情境性和真实性的过程，它强调了学习者的主体地位和主动性，同时也重视了社会互动和情境的重要性。

### （一）建构主义学习理论的基本观点

建构主义学习理论是一种关于知识和学习的理论，强调了学习者在知识建构过程中的主动性和建构性。以下是建构主义学习理论的主要观点。

1.学习是学习者进行知识结构建构的过程

这是建构主义学习理论的一个核心观点。学习者不是被动地接受知识，而是主动地参与知识的建构过程。他们借助已有的经验和知识，与外界环境进行相互作用，通过探究、思考、交流和实践等方式，对新知识和信息进行解读、分析和整合，从而构建起自己新的理解和知识结构。

2.学习者需要进行合作学习

建构主义学习理论认为学习者在进行知识结构建构时，由于个体差异和经验背景的不同，对同一事物的理解会有所差异，建构的知识结构也会有所不同。因此，学习者需要进行一定的合作学习，以促进对事物的全面、丰富和深入的理解。

合作学习是一种以小组为单位的学习方式，学习者通过与同伴的交流、讨论和合作，共同探究问题、解决问题和建构知识。在合作学习中，学习者可以分享自己的观点和经验，听取他人的意见和建议，从而对问题进行更全面、深入的理解。同时，合作学习还可以促进学习者之间的互动和合作，培养他们的合作精神和沟通能力。

建构主义学习理论认为，合作学习对于促进学习者对事物的全面理解具有重要作用。通过与同伴的交流和合作，学习者可以了解到不同的观点和思路，从而拓宽自己的视野和思维。同时，合作学习还可以帮助学习者对新知识进行更深入的解读和分析，促进他们的知识建构和理解。

3.教师是学生学习的合作者和促进者

建构主义学习理论认为教师的角色是学生学习过程中的合作者和促进者，其价值在于激发学生以探究、主动、合作的方式进行学习。为了实现这一目标，教师需要为学生提供真实且较为复杂的问题，并鼓励学生从不同角度、运用不同方法进行解决。同时，教师还需要积极为学生创设良好的学习环境，以便学生能够更加有效、科学地进行知识结构建构。

首先，提供真实且较为复杂的问题是建构主义学习理论中教师的重要任务之一。真实的问题能够帮助学生更好地理解知识，并将所学知识应用到实际生活中。同时，复杂的问题可以激发学生的探究欲望和学习兴趣，促进他们进行深度思考和知识建构。因此，教师需要关注问题的选择和设计，确保问题具有针对性和启发性，能够引导学生进行深入思考和理解。

其次，教师需要为学生创设良好的学习环境，包括物质环境和心理环境两个方面。物质环境指的是学习场所、学习资源和学习工具等，教师需要为学生提供宽敞、明亮、设施完备的教室和学习资源，以及必要的学习工具和设备。心理环境指的是学习氛围和学习动机等，教师需要关注学生的学习需求和心理状态，营造积极向上的学习氛围，激发学生的学习动机和兴趣，帮助他们更好地进行知识建构。

最后，教师需要成为学生学习的合作者和促进者。在建构主义学习理论中，教师不再是知识的传授者，而是学生学习的引导者和辅助者。教师需要与学生建立良好的合作关系，尊重学生的主体地位和学习风格，关注学生的学习进程和问题解决过程，提供必要的指导和支持，帮助学生完成知识建构和解决问题。

总之，建构主义学习理论强调了教师在学生学习过程中的重要性和角色定位。教师需要为学生提供真实且较为复杂的问题，创设良好的学习环境，并成为学生学习的合作者和促进者。只有这样，才能更好地激发学生的探究欲望和学习兴趣，帮助他们进行知识建构和理解。

## （二）建构主义学习理论下的教学

在建构主义学习理论的影响下，目前已经开发出的教学方法有支架式教学、随机进入教学和抛锚式教学，其中以支架式教学的影响最大。

支架式教学是一种受到建构主义学习理论影响的教学方法，其核心理念是为学生提供概念框架，以帮助他们建构对知识的理解。这种教学方法与学生的最近发展区相适应，可以帮助学生获得良好的发展。在进行支架式教学时，需要遵循一定的程序。以下是支架式教学的具体步骤。

1. 搭建概念框架

围绕当前的学习主题和学生的最近发展区要求，教师需要帮助学生搭建一个概念框架。这个框架可以帮助学生组织和理解所学知识，并引导他们在学习过程中逐步攀升。

2. 构建问题情境

教师需要构建一个问题情境，将学生引入其中，以激发他们的学习兴趣

和探究欲望。问题情境应该与学生的学习主题和实际生活密切相关，以便学生能够更好地理解和应用所学知识。

3.独立探索与分析

让学生对问题进行独立探索和分析。在这个过程中，教师需要给予学生适当的提示和引导，帮助他们沿着概念框架逐步攀升。这有助于培养学生的自主学习能力和解决问题的能力。

4.小组协作学习

学生可以在小组中进行协作学习，通过讨论和协商来获得对所学概念的正确理解。小组协作学习可以帮助学生互相学习、互相帮助，同时培养学生的合作精神和沟通能力。

5.学习效果评价

需要对学生的学习效果进行评价。评价内容包括学生的自主学习能力、小组协作学习的贡献、意义构建的完成情况等。评价结果可以为学生提供反馈，帮助他们了解自己的学习进展和需要改进的地方。

总之，支架式教学是一种基于建构主义学习理论的教学方法，其核心理念是为学生提供概念框架，帮助学生建构对知识的理解。通过遵循一定的程序，教师可以帮助学生进行独立探索和小组协作学习，完成意义构建，并对学生的学习效果进行评价。这种教学方法有助于培养学生的自主学习能力和合作精神，提高教学效果和学习效果。

# 第二节　教育传播理论

## 一、教育传播的概念

教育传播是由教育者按照一定的目的和要求，选定合适的信息内容，通

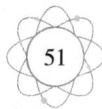

过有效的媒体通道，把知识、技能、思想、观念等传送给特定的教育对象的一种活动。它旨在让学习者通过接受信息，从而掌握知识、技能和树立正确的价值观。教育传播是教育系统的重要组成部分，对于提高教育质量和效果具有至关重要的作用。

## 二、教育传播的特点

概括来说，教育传播具有以下特点（表2-2）。

表2-2 教育传播的特点

| 教育传播的特点 | 具体阐述 |
| --- | --- |
| 目的性 | 教育传播的目的明确，旨在传播特定的知识和技能，达到一定的教育目标 |
| 特定性 | 教育传播的对象是特定的，即针对特定的学生或学习者群体 |
| 媒体多样性 | 教育传播可以利用多种媒体进行，如教材、多媒体资源、网络等 |
| 双向互动性 | 教育传播是一种双向互动的过程，教育者与学习者之间需要相互交流和反馈，以更好地实现教育目标 |
| 动态性和序列性 | 教育传播是一个动态的过程，需要按照一定的序列进行，包括信息的编码、传输、译码等过程 |
| 效果反馈 | 教育传播的效果需要进行评估和反馈，以了解传播的效果是否达到预期的目标 |

## 三、教育传播的基本原理

教育传播的基本原理主要包括以下几点。

## （一）信息来源原理

权威人士或信誉良好的人所提供的信息更容易被人们接受，这是因为在社会中，人们往往认为这些人的信息更加可信、准确和有用。在教育传播中，教师作为重要的信息来源之一，需要树立起自己的良好形象，赢得学生的认可和信任。只有这样，学生才会更容易接受教师所传递的信息。

为了树立良好的形象，教师需要具备专业素养和道德品质，包括广博的知识储备、高效的教学技能、良好的师德师风等。同时，教师还需要注重个人形象和言行举止，做到严谨自律、言行一致，成为学生的表率和榜样。

此外，教师在教学中所使用的资料也必须具有正确、真实、可靠的来源。这需要教师对资料进行充分的核实和筛选，确保所使用的资料符合学术规范和道德标准。同时，教师还需要注重资料的更新和修正，及时更新教学资料，保证信息的准确性和时效性。

## （二）共同经验原理

教育传播从本质上来说就是传递与交换信息的过程。这个过程涉及教育者将特定的知识、技能和思想传递给学生的环节。而为了保证教育传播的良好效果，教育者和学生之间必须具备共同的经验范围。

共同的经验范围是指教育者和学生之间对于某个领域的知识、技能和思想有着共同的认知和理解。这种共同的经验范围可以帮助学生更好地理解和掌握知识，同时也能够促进师生之间的交流和互动。

如果教育者和学生之间没有共同的经验范围，那么教育传播的效果就会大打折扣。例如，如果教师对于某个领域的知识非常精通，但学生对于这个领域一无所知，那么教师就很难将这个领域的知识有效地传递给学生。相反，如果学生对于某个领域已经有一定的了解和认知，但教师对于这个领域一无所知，那么学生就很难从教师那里获得更多的知识和技能。

因此，为了保证教育传播的良好效果，教育者和学生之间需要建立共同的经验范围。这需要教育者具备广博的知识储备和教学技能，同时也需要学生具备一定的前置知识和学习能力。只有建立了共同的经验范围，才能够更好地实现教育传播的目标，提高教育质量和效果。

## （三）重复作用原理

重复作用的主要原理是，通过多次呈现同一个概念，人们可以在不同的情境下更好地理解和记忆这个概念。这种重复呈现可以是在不同的场合、使用不同的词汇、通过不同的方式等等。例如，在学习一门新的语言时，学习者可以通过在不同的情境下使用这种语言，如在课堂上、在日常生活中、在社交场合等，来加深对这种语言的理解和记忆。

重复作用也可以帮助人们更好地应用知识。通过在不同的情境下重复应用同一个概念，人们可以更好地掌握这个概念的应用技巧和方法。例如，在学习数学时，学习者可以通过解决不同类型的题目来重复应用数学概念，从而更好地掌握数学知识的应用。

## （四）抽象层次原理

相关研究表明，符号的抽象层次越高，其表达的具体意义就越广泛，但也更容易引起误会。在教育传播中，教师需要注意控制信息符号的抽象程度，确保学生能够理解和接受。

当教师使用抽象的符号或概念时，需要充分考虑学生的背景知识和理解能力。如果学生缺乏必要的背景知识或理解能力，他们可能会对抽象的符号或概念感到困惑或误解。因此，教师需要使用简单、直观的语言和例子来解释这些符号或概念，帮助学生理解其含义和应用。

此外，教师还可以通过多种方式来降低信息符号的抽象程度。例如，教师可以利用图像、图表、动画等直观的方式来呈现信息，帮助学生更好地理解和记忆。教师还可以通过实例和案例来解释抽象的概念或理论，使学生更容易将其应用于实际生活中。

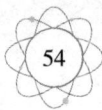

## 四、教育传播的系统构成

教育传播系统是由六个要素构成的，分别是教育者、教育信息、受教育者、教育传播媒体、教育传播环境和教育传播效果。

### （一）教育者

教育者是一个广泛的群体，包括教师、教育管理者、教材编制者等具备教育教学活动能力的人。他们作为教育信息的组织者、传播者和控制者，负责将知识、技能、思想、观念等信息内容传递给受教育者。

教师是教育传播系统中的重要组成部分，他们具备专业的知识储备和教学技能，能够根据学生的实际情况和教学目标进行课程设计、教学组织和辅导评价。除了教师之外，教育管理者也扮演着重要的角色。他们负责制定教育政策、管理教育资源、组织教育教学活动等，对于整个教育传播系统的运行和效果具有重要影响。

此外，教材编制者也是教育传播系统中的重要力量。他们负责根据教学目标和教育需求，选择和组织相关的知识内容，编制适合受教育者学习的教材和资料。教材编制者需要充分考虑受教育者的认知特点和学习规律，确保教材内容的科学性、系统性和实用性。

除了教师、教育管理者和教材编制者之外，教育传播系统中还包括其他具备教育教学活动能力的人员，如教育心理学家、教育技术专家等。他们通过与教师和其他教育者的合作，共同促进教育传播系统的优化和发展。

### （二）教育信息

教育传播的过程本质上是一个信息交流的过程，其中涉及了信息的获取、传递、交换、加工、储存和输出等环节。教育信息是教育传播的核心，它包括了教学目标信息、实践教学信息和学生接受和反馈信息等多种类型。

教学目标信息是指教育者根据教学计划和教学目标所确定的信息，它反映了教育者对于学生学习成果的期望和要求。教学目标信息需要明确、具体、可操作性强，以便受教育者能够了解并掌握。

实践教学信息是指教育者在教育实践中所传递的知识、技能、思想、观念等信息，它是实现教学目标的重要手段。实践教学信息需要具有科学性、系统性和实用性，以便受教育者能够通过实践操作掌握所需的知识和技能。

学生接受和反馈信息是指受教育者在接受教育信息后所表现出的反应和反馈，包括学习成果、学习需求、学习困难等。学生接受和反馈信息对于教育者来说非常重要，它可以帮助教育者了解学生的学习情况并调整教学策略，以提高教学效果。

在教育传播过程中，教育信息的获取、传递、交换、加工、储存和输出是不断循环进行的。教育者需要从各种渠道获取教学目标信息和实践教学信息，并将其传递给受教育者。同时，教育者还需要及时获取学生的接受和反馈信息，以便对教学进行调整和优化。

## （三）受教育者

受教育者主要是指学生，他们需要接受教育者传递的教育信息，并进行消化、吸收和反馈，以完成学习任务。在这个过程中，学生需要具备一定的学习能力和自主性，能够对教育信息进行有效的接受、变换和反馈。

首先，学生需要具备接收信息的能力。这包括听、读、看等基本技能，以及对于语言和符号的理解能力。学生需要能够听懂教育者所讲述的内容，理解教材和其他资料中的信息，并能够通过阅读和观看多媒体资料来获取更多的信息。

其次，学生需要具备变换信息的能力。这包括记忆、理解、应用等层次。学生需要能够记住所学的知识，理解其含义和应用方法，并能够将所学知识应用到实际生活中。此外，学生还需要具备发现问题、分析问题和解决问题的能力，以便更好地应对学习中的挑战。

最后，学生需要具备反馈信息的能力。这包括对于学习成果的自我评价和对于学习过程的监控能力。学生需要能够评估自己的学习成果，发现自己的不足之处，并及时调整学习策略以提高学习效果。同时，学生还需要能够

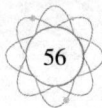

监控自己的学习过程，及时发现并解决问题，保持良好的学习状态。

## （四）教育传播媒体

教育传播需要借助一定的教育传播媒体来实现。教育传播媒体是指传递教育信息的工具和手段，包括文字教材、视听教材、多媒体教材等多种形式。

其中，直观教具是教育传播媒体中的一种重要形式。它包括实物、模型、图表、图像等，能够通过视觉、听觉等感官直接传递信息，帮助学生更好地理解和掌握知识。例如，在科学课程中，常常会使用实验器材、标本、模型等直观教具来帮助学生认识自然现象和科学原理。

此外，教科书也是教育传播媒体中的重要组成部分。它根据一定的教学目标和教材编写原则，系统地呈现课程内容，是学生在学校中学习的主要材料。教科书通常包括课文、图示、练习题等内容，具有系统性、科学性和实用性等特点。

除了直观教具和教科书之外，教育传播媒体还包括多媒体教材、网络课程、在线学习平台等多种形式。这些媒体形式具有信息量大、交互性强、生动形象等特点，能够更好地吸引学生的注意力和兴趣，提高教学效果。

## （五）教育传播环境

教育传播的效果与所处的环境有着密切的关系。教育传播环境是影响教育传播效果的重要因素之一，涉及的方面非常复杂，包括社会、经济、科技、文化、校风、班风等。

首先，社会环境对于教育传播的效果有着重要的影响。社会的政治、经济和文化背景都会对教育传播产生影响。政治制度和经济体制决定了教育资源的分配和利用，影响着教育传播的规模和质量。文化背景则影响着人们对于知识的认知和理解方式，对于教育传播的内容和方式也有着重要的影响。

其次，经济环境也是影响教育传播效果的重要因素之一。经济发展水平决定了对教育的投入程度和利用效率，也影响着教育传播的方式和手段。在经济发展水平较高的地区，通常拥有更多的教育资源和技术手段，能够提供更好的教育传播服务。

此外，科技环境对于教育传播的影响也非常显著。随着信息技术的发展，教育传播的方式和手段也在不断更新和改进。现代科技手段的应用，如网络教育、在线课程、数字化教材等，都极大地扩展了教育传播的覆盖面和影响力，提高了教育传播的效果和质量。

另外，校风和班风也是影响教育传播效果的重要因素之一。良好的校风和班风能够营造积极向上的学习氛围，激发学生的学习兴趣和动力，提高教育传播的效果和质量。相反，不良的校风和班风则会影响学生的学习状态和学习效果，降低教育传播的效果和质量。

## （六）教育传播效果

教育传播的效果是指在教育传播过程结束之后，教育者、教学效率、教育规模等所产生的具体变化和影响。这些变化和影响可以通过一系列的指标来衡量和评估，如学生的成绩、毕业率、教师的教学效果等。

首先，教育传播对于教育者的效果主要体现在教师教学能力的提高和教师角色的转变。通过教育传播，教师可以获取更多的教育教学资源，学习先进的教学方法和策略，从而提高自己的教学能力和专业素养。同时，随着信息技术的发展和应用，教师角色也逐渐向更加注重引导学生、激发学生的学习兴趣和创造力的方向转变。

其次，教学效率是教育传播效果的重要体现之一。教育传播通过多种手段和方式传递教育信息，使学生更加快速、准确地掌握知识和技能，提高教学效率。例如，通过多媒体教材、在线课程等数字化教育资源，可以让学生在任何时间、任何地点进行自主学习，打破时间和空间的限制，提高学习效率。

此外，教育传播对于教育规模的影响也非常显著。传统的面对面的教学方式往往受到地域和资源的限制，使得教育规模有限。而随着信息技术的发展和应用，教育传播的覆盖面不断扩大，可以突破地域和资源的限制，让更多的人接受教育。例如，通过远程教育和在线课程，可以让全球的学生都能够接受高质量的教育。

最后，教育传播的效果还可以通过学生的学习成果来体现。通过教育传

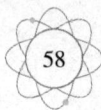

播，学生可以获取更多的学习资源和信息，提高自己的学习效果和能力。例如，通过数字化教材和在线课程的学习，学生可以更好地掌握知识和技能，提高自己的成绩和毕业率等指标。

## 五、教育传播的过程

教育传播的过程是一个由教育者借助教育媒体向受教育者传递与交换教育信息的过程，可以分为以下六个阶段（图2-1）。

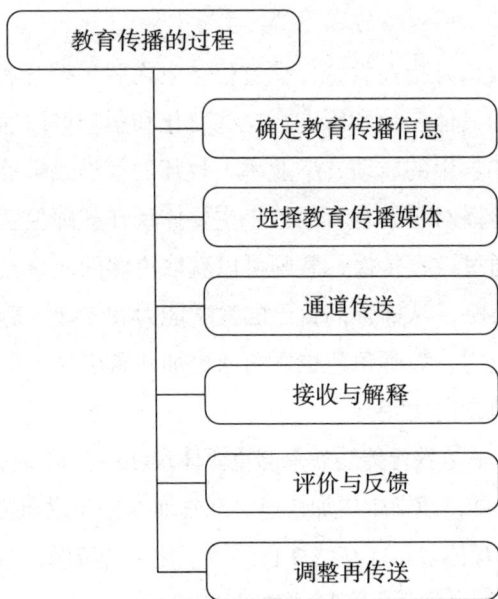

图2-1　教育传播的过程

### （一）确定教育传播信息

教育者根据教学目标和教育需求，确定需要传递的教育信息，包括知识、技能、思想、观念等信息内容。

## （二）选择教育传播媒体

根据受教育者的特点和教育信息的性质，选择适合的传播媒体，如文字教材、视听教材、多媒体教材等。

## （三）通道传送

通过选择的传播媒体，将教育信息传递给受教育者，可以通过课堂教学、广播电视、互联网等多种渠道进行传播。

## （四）接收与解释

受教育者接收并解释传递过来的教育信息，通过听觉、视觉、触觉等多种感官来感知信息，并根据自己的经验和理解来解释和加工信息。

## （五）评价与反馈

受教育者对接受到的教育信息进行评价和反馈，包括对信息的理解程度、掌握程度和应用情况等。同时，教育者也可以根据受教育者的反馈和评价，对教学过程进行调整和优化。

## （六）调整再传送

根据评价和反馈的结果，教育者对传递的教育信息进行调整和改进，再次进行传播。这个过程可以反复进行，直到达到预期的教学目标和学习效果。

在教育传播的过程中，每个阶段都有其特定的任务和要求，需要教育者和受教育者共同努力和配合，才能够实现有效的教学和学习。

## 六、教育传播的模式

教育传播模式主要包括以下几种（图2-2）。

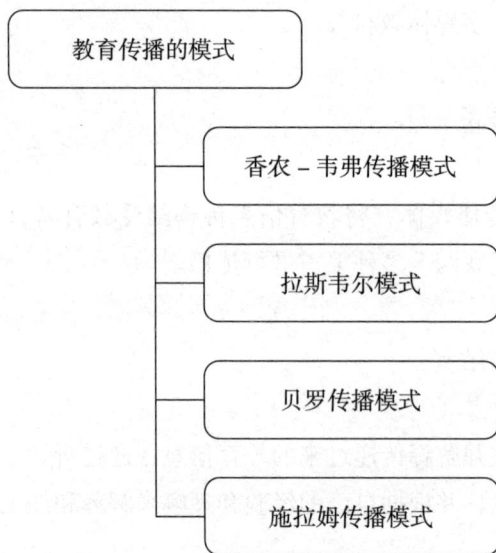

图2-2　教育传播的模式

### （一）香农-韦弗传播模式

香农-韦弗传播模式是一种描述信息传播过程的数学模型，最初是由香农和韦弗在1949年提出的。这种传播模式最初是单向的，后来加入了反馈系统而成为双向封闭的形态。

在香农-韦弗传播模式中，发射器的主要作用是进行编码，即将信息转化为可以通过传播渠道进行传递的信号；接收器的主要作用是进行译码，即将接收到的信号转化为信息。噪声指的是对信息传播有所干扰的所有信息，包括各种干扰信号、噪声和其他干扰因素。

香农-韦弗传播模式能够解释许多人类传播过程，如教学过程中的信息传递。在教学模式中，教师作为信息的发射器，将信息编码成适合学生接收的形式，并通过教学媒体（如教材、黑板、投影仪等）传递给学生。学生作为接收器，接收并译码这些信息，从而形成自己的知识。同时，学生也可以通过作业、提问等方式向教师反馈信息，形成双向交流。

然而，香农-韦弗传播模式也存在一些局限性。首先，它忽略了人的因素和社会的因素对传播过程的影响。其次，它假设传播过程中不存在误差或干扰，这与实际情况存在一定的差距。最后，它只适用于单向和双向的线性传播过程，而无法解释复杂的非线性传播现象。

## （二）拉斯韦尔模式

拉斯韦尔模式（Larswell model）又称"5W传播模式"，是由美国政治学家拉斯韦尔于1948年提出的一种传播模式。这个模式清晰地揭示了传播的基本过程，包括谁（Who）、说了什么（Say What）、通过什么渠道（In Which Channel）、向谁说（To Whom）、有什么效果（With What Effects）五个要素。

谁（Who）：指的是传播者，即信息的发起者或发送者。

说了什么（Say What）：指的是传播内容，即信息本身。

通过什么渠道（In Which Channel）：指的是传播媒介，即信息传播的渠道和途径。

向谁说（To Whom）：指的是传播对象，即信息的接收者或受众。

有什么效果（With What Effects）：指的是传播效果，即信息对受众产生的影响和作用。

拉斯韦尔模式的优点在于它清楚地揭示了传播过程的主要因素，并有助于理解不同传播情境下的传播行为。然而，它也存在一些局限性，如它忽略了传播过程中的反馈和互动因素，以及受众的主动性和选择性。因此，在实际应用中需要结合具体情况进行灵活运用和修正。

## （三）贝罗传播模式

贝罗传播模式（Berlo's Model）是一种综合了多种学科理论，包括哲学、

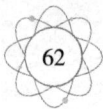

心理学、语言学、人类学、大众传播学和行为科学，以解释传播过程中的四个要素的模式。这四个要素分别是信源（传者）、信息、通道和受者。

信息源（source），即信源，指的是信息的发起者或发送者。在传播过程中，传者需要考虑到自身的传播技巧、态度、知识水平。同时，传者在社会中的地位、影响与威信，以及学历、经历与文化背景等因素也会对传播效果产生影响。

信息（message），即信息的内容和结构。在传播过程中，传者需要对信息进行编码，即将信息转化为可以通过传播渠道进行传递的信号。这些信号可能包括语言、文字、图像与音乐等符码。除了信息成分外，信息的结构也是影响传播效果的重要因素。

通道（channel），即信息传递的渠道和途径。在传播过程中，通道的选择和设置对于信息的传递和接收都非常重要。不同的通道有不同的特点和使用方式，传者需要根据具体情况选择适合的通道进行信息传递。

接受者（receiver），即信息的接收者或受众。在传播过程中，接受者可以变成传者，传者也可以变成受者。因此，影响接受者的因素与传者相同。接受者对于信息的接收和处理会受到自身文化背景、知识水平、心理状态等因素的影响。

贝罗传播模式明确而形象地说明了影响信息源、接受者和信息实现其传播功能的条件。它强调了传播过程的双向性和互动性，以及传播过程中各要素之间的相互影响和作用。同时，贝罗传播模式也提醒我们注意到传播过程中存在的各种干扰因素和不确定性因素，如噪声、干扰信号等，这些因素会对传播效果产生重要影响。

总之，贝罗传播模式是一种非常重要的传播理论，它为我们理解和解释传播过程提供了有益的框架和工具。通过深入研究和应用贝罗传播模式，我们可以更好地理解传播过程中的各种要素和环节，提高传播效果和质量。

## （四）施拉姆传播模式

施拉姆传播模式是一种传播过程模型，它强调了传播的互动性和双向性。该模式由施拉姆提出，并在C.E.奥斯古德的观点启发下进行了完善。

在施拉姆传播模式中，传播者和受众是相互作用的，并且传播过程是一个循环的过程。传播者通过发出信息来传递信息，受众接收到信息后会对信息进行解读和理解，并将反馈传递给传播者。这个循环过程可以反复进行，不断调整和优化传播效果。

施拉姆传播模式的优点在于它强调了传播的互动性和双向性，突出了受众在传播过程中的地位和作用。同时，它也揭示了传播过程中存在的多种因素和变量，这些因素和变量会影响传播的效果和质量。

然而，施拉姆传播模式也存在一些缺陷。首先，它过于简化了一些复杂的社会和心理现象，无法全面解释所有的传播行为和过程。其次，它忽略了传播过程中存在的许多干扰因素和不确定性因素，如噪声、干扰信号等，这些因素会对传播效果产生重要影响。

# 第三节　视听教育理论

## 一、视听教育理论的核心——"经验之塔"

视听教育理论的心理基础有三个，即经验之塔理论、视感知规律和听感知规律。下面将对视听教育理论的核心——"经验之塔"进行简要阐述。

经验之塔理论是由美国教育家戴尔在1946年提出的，它是一种关于学习方法和学习效果的理论。戴尔认为，人们学习知识主要通过间接经验获得，即通过听、看、实践等方式获得知识和技能。同时，他认为学习应该从具体经验入手，逐步过渡到抽象经验，这样可以提高学习效果和质量。

经验之塔理论把学习分为三个大类：做的经验、观察的经验和抽象的经验。

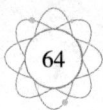

（一）做的经验

经验之塔是一个层次分明的模型，从最底层的直接有目的的经验到顶层的抽象经验。其中，"做"的经验位于经验之塔的底部，强调通过实践从做中去获得经验。这种经验包括三个层次。

第一，直接有目的的经验。这是通过直接接触真实事物本身而获取的具体的、丰富的经验。例如，通过观察真实的花朵、触摸真实的木材等来获得对真实事物直接、具体的感知和经验。

第二，设计的经验。这种经验是通过学习标本、模型等间接材料而获得的。虽然这些标本和模型是人工设计和仿造的，与真实事物在大小和复杂程度上存在差异，但它们是"真实的改编"，可以帮助人们更容易地理解和领会真实的事物。例如，在学习生物学时，通过观察模型或标本，可以更好地理解真实生物的结构和功能。

第三，演戏的经验。这是通过演戏或表演而获得的那些在正常情况下难以获得的经验。例如，通过表演历史剧来理解历史事件的背景和人物角色，或者通过模拟法庭来了解司法程序和法律规则。

总之，"做"的经验强调了实践和学习之间的重要关系。通过亲身实践，学习者能够从做中去获得具体、丰富的经验，从而更好地理解和掌握知识。同时，设计的经验和演戏的经验也是获取经验的重要途径，它们通过间接的方式帮助学习者获得难以直接获取的经验。

（二）观察的经验

观察的经验位于经验之塔的中间位置，强调通过观察别人的行为、活动或事物来获得经验。这种经验包括以下五个层次。

第一，观摩示范。通过观察别人如何做某件事或完成某个任务，学习者可以获得如何进行该活动的直接经验。观摩示范可以是现场观察，也可以是通过视频或演示文稿等媒介进行观察。学习者可以了解别人的操作过程、技巧和方法，从而模仿并应用于自己的实践中。

第二，学习旅行。通过野外学习旅行对真实事物和各种景象进行观察，学习者可以获得对真实世界的直接经验。这种旅行通常涉及对自然环境、历史文化遗址、社会现象等的观察和研究，让学习者通过亲身观察和体验来获得对真实世界深入的理解。

第三，参观展览。通过参观各种展览，学习者可以观察陈列的材料、展品和展板等，从而获得对特定主题或领域的直接经验。展览可以是博物馆、艺术展览、科技展览等，涉及各种主题和领域。学习者可以通过观察展品、阅读相关说明和与展品互动等方式来获取经验。

第四，电视和电影。通过观看电视和电影等媒体作品，学习者可以获得对特定情境和事件的间接经验。这些经验是替代性的，因为它们是通过媒体获得的而非直接观察现实。然而，它们能够为学习者提供对历史事件、文化背景、虚构故事等的深入了解和体验。

第五，广播、录音和静止画面。这些是通过听觉或视觉的方式获得的经验。它们可以是广播节目、录音资料或静止图片等，使学习者能够通过听或看来获取间接经验。这些经验的抽象层次比电视和电影要高一些，因为它们没有提供与电视和电影类似的视听效果和情景模拟。

## （三）抽象的经验

"抽象"的经验位于经验之塔的顶部，是抽象层次最高的经验。抽象的经验包括两个层次：视觉符号和语言符号。

第一，视觉符号。这种符号主要指的是表达一定含义的地图、示意图、图表等抽象化的符号。它们几乎完全不同于现实中的事物，是一种抽象的代表。例如，地图是一种视觉符号，它用抽象的图形和文字表示地理信息和位置关系。

第二，语言符号。这是一种抽象化的代表事物或观念的符号，包括口头语言和书面语言两种形式。语言符号本身虽然是抽象的，但在使用时是和经验之塔的所有其他材料一起发挥作用的。通过语言符号，人们可以表达思想、情感和经验，从而在更高级的层次上进行交流和理解。

在经验之塔理论中，学习应该从具体经验开始，逐步过渡到抽象经验。也就是说，学习者应该先从实际经验中获得直接经验，然后通过观察别人的

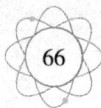

行为和活动获得观察经验，最后通过学习符号、语言文字等抽象事物获得抽象经验。

经验之塔理论对教育实践具有重要的指导意义。首先，教育教学应该从具体经验入手，逐步过渡到抽象经验，这样可以提高学习效果和质量。其次，对于低龄儿童，应该大量增加直接经验，其次是观察经验，这样可以更好地促进他们的认知发展。最后，游学是有益的，读万卷书即抽象的经验，行万里路即观察的经验和做的经验，这样可以更好地促进学生的综合素质发展。

## 二、视听教育理论的局限性

视听教育理论存在一些局限性，需要进一步改进和完善。除了只注重视听教材本身的作用，而对设计、开发、制作及管理等一系列环节不够重视的问题之外，还有一些其他方面的局限性。

例如，视听教育理论往往过于强调视听媒体的优越性，而忽视其他教学媒体和传统教学方法的作用。事实上，不同媒体和教学方法都有其独特的优势和适用范围，应该根据具体的教学目标和情境进行选择和组合。

此外，视听教育理论对于如何有效利用视听媒体进行教学设计、开发和实施方面也存在一些不足。例如，对于视听教材的设计、制作和管理等方面缺乏系统性和规范性，导致质量参差不齐，难以达到预期的教学效果。

另外，视听教育理论对于学习者的特点和需求关注不够，往往只是单纯地提供视听刺激，而忽视学习者的认知特点、兴趣和需求等方面的因素。这可能导致学习者的参与度不高，学习效果不佳。

因此，为了充分发挥视听教育的作用和优势，需要克服这些局限性。首先，应该加强对视听教材设计、开发、制作及管理等环节的重视和管理，提高视听教材的质量和适用性。其次，应该充分认识不同媒体和教学方法的优劣和适用范围，根据具体的教学目标和情境进行选择和组合。最后，应该关注学习者的特点和需求，根据学习者的认知特点、兴趣和需求等因素进行有针对性的教学设计、开发和实施。

## 三、视听教育理论对现代信息技术教育的影响

视听教育理论对现代信息技术教育的影响深远，具体表现在以下几个方面。

首先，视听教育理论强调学习经验的抽象与具体之间的转换。这种观点对于现代信息技术教育有着重要的启示。现代信息技术教育注重利用数字媒体和互联网技术，将抽象的知识点以更直观、具体的方式呈现给学习者。例如，通过多媒体课件、在线视频、虚拟现实等技术手段，将抽象的知识点以图像、声音、动画等形式呈现，帮助学习者更好地理解和记忆。同时，现代信息技术教育也强调培养学习者的抽象思维和创新能力，通过引导学习者进行探究性学习、问题解决学习等方式，促进学习者从具体思维向抽象思维的转换。

其次，视听教育理论为视听教材的分类和选择提供了重要的依据。在现代信息技术教育中，各种数字媒体和互联网技术的应用使得教学内容更加丰富多样，同时也需要根据不同的教学目标和教学内容选择合适的教学媒体。视听教育理论对视听教材的分类和选择提供了有益的参考，教育者可以根据不同教学媒体所能提供的学习经验的具体或抽象程度，选择合适的教学媒体，以更好地满足学习者的需求和提高教学效果。

最后，视听教育理论对现代信息技术教育的实践和研究具有重要的指导作用。现代信息技术教育注重利用数字媒体和互联网技术来优化教学过程和提高教学质量，而视听教育理论则为这种实践和研究提供了重要的理论支撑和实践指导。例如，在利用数字媒体进行教学过程中，如何设计教学内容、如何选择合适的教学媒体、如何评估教学效果等问题都需要借助视听教育理论来进行深入研究和探讨。

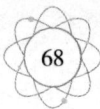

# 第四节　系统科学理论

## 一、系统科学的概念

系统科学是研究系统的结构与功能关系、演化和调控规律的科学，是一门新兴的综合性、交叉性学科。它以不同领域的复杂系统为研究对象，从系统和整体的角度，探讨复杂系统的性质和演化规律，目的是揭示各种系统的共性以及演化过程中所遵循的共同规律，发展优化和调控系统的方法，并进而为系统科学在科学技术、社会、经济、军事、生物等领域的应用提供理论依据。

## 二、系统科学的基本理论

### （一）系统科学的"老三论"

系统科学的"老三论"指的是系统论、信息论和控制论。这些理论在20世纪40年代开始逐渐创立并获得快速发展，成为系统科学领域中的重要分支学科。

1. 系统论

系统论是研究系统的结构、功能、行为和演化等，探究系统的稳定性、有序性、自组织性和演化性等基本原理和规律。

2. 信息论

信息论是研究信息的本质、传输、处理和利用等，涉及信息的获取、传输、处理、存储、检索和应用等基本问题。

3. 控制论

控制论是研究系统的控制、调节、优化和稳定性等，涉及系统的反馈机制、调节原理和控制方法等基本问题。

这些理论在系统科学中具有广泛的应用价值，为解决复杂系统的实际问题提供了重要的理论支持和方法指导。

## （二）系统科学的"新三论"

系统科学的"新三论"指的是耗散结构论、突变论和协同论。这些理论在20世纪70年代以来逐渐创立并获得快速发展，为系统科学提供了新的视角和方法。

1. 耗散结构论

耗散结构论是研究系统在远离平衡态时出现的新的稳定有序结构及其演化规律的理论，涉及系统的能量流、物质流和信息流等方面。

2. 突变论

突变论是研究系统在经历突然变化时出现的新的稳定状态和相应的不连续过程的规律和特征的理论，涉及系统的稳定性、不稳定性、分岔和混沌等问题。

3. 协同论

协同论是研究系统内部各要素之间的相互作用和协同机制，以及这些相互作用和协同机制与系统整体行为之间的关系和规律的理论，涉及系统的自组织性、有序性和演化性等问题。

# 三、系统科学的基本原理

系统科学的基本原理，具体来说有以下几个（图2-3）。

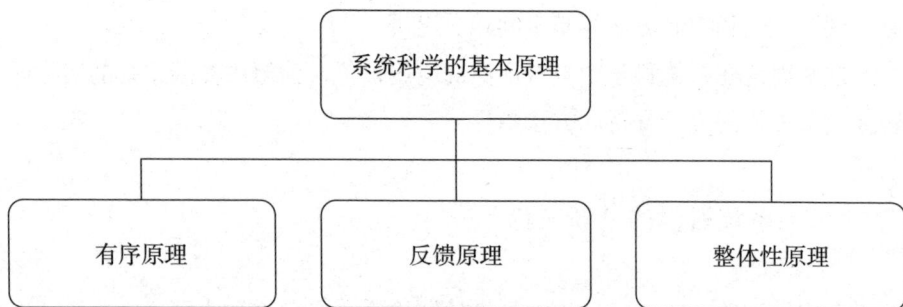

图2-3 系统科学的基本原理

## （一）有序原理

有序原理是一个关于系统科学的重要原理，它强调了系统内部要素和子系统之间的排列和组合的顺序与层次，以及系统自身秩序的调整和重建对于系统的发展和完善的重要性。在教育教学过程中，可以借鉴有序原理来优化教学系统的设计和实施，以更好地实现教学目标和提高教学质量。

根据有序原理，为了更加开放、有序地进行信息交换，教育教学需要处理好教学系统内部及其与外部环境之间的关系。具体来说，可以考虑以下几点。

1. 开放性

教学系统应该具备开放性的特点，能够与外部环境进行信息交换。这意味着要积极引入外部资源，如教材、图书资料、多媒体素材等，以及加强与外部环境的联系和互动，如与行业企业、科研机构等的合作和交流。

2. 层次性

教学系统的内部要素和子系统之间应该有一定的排列和组合的顺序与层次，以便更好地组织和管理教学资源，提高教学效果。例如，可以根据学科特点和学生需求，将教学内容分为不同的层次，从基础知识点到高级知识点，从理论到实践，以便更好地满足学生的学习需求。

3. 平衡态偏离

教学系统应该具备对平衡态进行偏离的能力，以便借助外部作用不断对能量进行变化，进而趋向新稳态。这意味着要打破教学系统的平衡状态，通过引入新的教学理念、方法和技术手段等外部作用力，推动教学系统的不断演变和创新。

4.信息交换

教学系统应该能够与外部环境进行有效的信息交换，以便获取更多的外部信息和资源，促进教学系统的开放性和发展。例如，可以通过课程设计、学术交流、实践实习等方式，实现教学系统内部与外部环境之间的信息交换和共享。

## （二）反馈原理

反馈原理是系统科学中的一个重要原理，它强调了反馈机制对于系统控制和稳定性的重要性。对于教育系统而言，反馈原理同样具有指导意义。

在教育系统中，反馈原理的应用可以帮助教师更好地了解学生的学习状态和效果，从而及时调整教学策略和方法，提高教学效果和质量。具体而言，反馈原理在教育中的应用包括以下几个方面。

1.学习反馈

教师需要及时获取学生的学习态度、学习效果的反馈信息，以了解学生对教学内容的掌握情况。通过观察学生的表现、作业、测验等方式，教师可以了解学生的学习进度和存在问题，进而及时调整教学策略和方法，帮助学生解决学习中遇到的问题。

2.教学反馈

教师需要关注学生对教学过程的反馈信息，包括学生对教学进度、教学方法、教材内容等方面的意见和建议。通过了解学生的反馈，教师可以对教学策略和方法进行改进和优化，提高教学效果和质量。

3.环境反馈

教师需要关注外部环境对教育系统的影响，包括政策调整、社会需求、科技进步等因素的变化。通过了解这些因素的反馈信息，教师可以适时调整教学策略和方法，以适应外部环境的变化，提高教育的适应性和前瞻性。

### （三）整体性原理

整体性原理强调了系统作为一个整体时所具有的特性和功能。根据整体性原理，教学系统中的各个要素之间相互联系、相互依存和相互作用，它们共同构成了整个教学系统的整体。因此，在教学过程中，需要考虑各个要素之间的关系和相互作用，以及它们对整个教学系统的影响。具体而言，从整体性原理的角度出发，优化课堂教学需要考虑以下几个方面。

1. 教学目标

明确教学目标是优化课堂教学的关键。教学目标是教学活动的指南，它规定了教学的内容、方法和进度等，同时也是评价教学效果的标准。在制定教学目标时，需要从整体角度考虑学生的知识、技能和情感等多方面的培养目标。

2. 教学内容

教学内容是实现教学目标的载体，是教学过程中最为重要的组成部分之一。在选择和组织教学内容时，需要从整体角度出发，综合考虑学生的认知规律、学科特点和社会需求等因素，确保教学内容的针对性和实用性。

3. 教学方法

教学方法是实现教学目标的重要手段，需要根据教学内容和学生的实际情况进行选择和设计。在选择教学方法时，需要从整体角度考虑学生的个性差异、教学设备和教师自身的特点等因素，以确保教学方法的多样性和有效性。

4. 教学评价

教学评价是优化课堂教学的必要环节。通过评价教学过程和效果，可以发现存在的问题和不足之处，进而采取措施进行改进和提高教学质量。在教学评价过程中，需要从整体角度出发，综合考虑学生的表现、教学进度和教师自身的经验等因素，以实现全面、客观和有效的评价。

## 四、系统科学方法

### （一）系统科学方法的概念

系统科学方法是一种科学的思维方式和研究方法，它强调在研究复杂的事物或现象时，将事物或现象看作是一个有组织、有结构和有功能的整体，而不是简单的局部。这种方法的目的是理解事物或现象的整体性质和规律，以及探索它们与外部环境之间的相互关系。

### （二）系统科学方法的使用步骤

系统科学方法的使用步骤如图2-4所示。

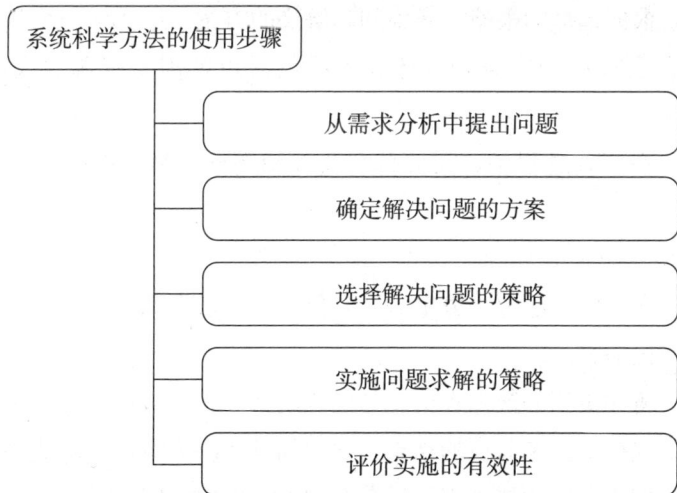

图2-4 系统科学方法的使用步骤

1.从需求分析中提出问题

第一，这一步是确定问题的重要步骤，需要对现状和希望的结果之间的差异进行分析和理解。

第二，通过收集和分析需求，理解问题的本质和关键要素。

明确问题的范围和目标，为后续的解决方案提供方向。

2. 确定解决问题的方案

第一，根据需求分析的结果，确定可能的解决方案。

第二，解决方案应该是多样化的，包括不同的策略和技术，以应对复杂的问题。

第三，在确定解决方案时，需要考虑可行性和效果以及可能的风险和副作用。

3. 选择解决问题的策略

第一，在多种解决方案中，选择最适合的问题解决策略。

第二，选择的标准可能包括效果、效率、成本等。

第三，选择的策略应该能够最优地解决特定的问题，并符合目标和需求。

4. 实施问题求解的策略

第一，根据选择的策略，实施问题解决的方案。

第二，实施过程应该是具体和实际的，可能需要资源、人员和技术支持。

第三，在实施过程中，需要持续监控和调整策略，以确保达到预期的效果。

5. 评价实施的有效性

第一，在实施问题解决方案后，收集相关的数据和信息，包括过程信息和系统的产出信息。

第二，将收集到的数据和信息与确定的目标进行对比和分析。

第三，根据对比和分析的结果，评价问题解决方案的实施效果。

第四，如果实施效果不理想或存在偏差，可以反馈到前一步进行修正和改进。

# 第三章　信息化时代的教师与学生

　　信息化时代对教师和学生都提出了新的要求和挑战，但同时也为教师和学生提供了更多的机会和可能性。教师需要不断学习和适应新的教育教学理论和技术，以更好地引导学生进行自主学习和合作学习。学生也需要不断学习和适应新的学习方式和技能，以更好地适应信息化时代的社会发展需求。

# 第一节　现代教育中的教师与学生

## 一、现代教育中的教师

### （一）教师的地位

教师在社会发展中具有重要的地位（图3-1）。

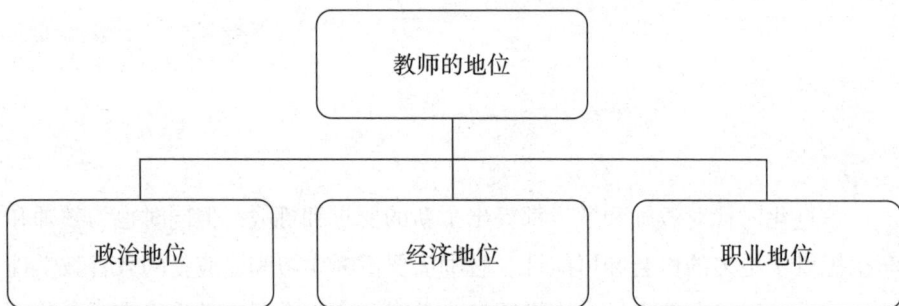

图3-1　教师的地位

1. 政治地位

教师的政治地位是指教师在国家或民族的政治生活中所处的地位和所起的作用。教师的政治地位通常由教师在国家政治体系中的身份、地位、职责及相应的行为模式决定。

在中国特色社会主义制度下，教师的政治地位得到了很大的提高。国家通过法律形式保障教师应有的权利和待遇，如《中华人民共和国教师法》的制定和实施，确立每年9月10日为教师节等。

2. 经济地位

教师的经济地位主要体现在教师的经济待遇上，包括工资、奖金、医疗、保险、退休金等福利待遇。教师的经济地位是教师社会地位最直接、最基础的指标，因为教师的物质生活条件和待遇水平直接影响到他们的家庭生活、职业发展和生活质量。

教师的经济地位受到多种因素的影响，包括国家政策、教育投入、教师职业吸引力等。以往，教师的工资水平相对较低，而且涨幅较慢，这导致教师职业的吸引力下降，也影响了教师的社会地位。另外，不同地区、不同学校的教师待遇也存在差异，这也会影响教师的经济地位。

3. 职业地位

教师的职业地位是指教师在整个社会中的职业声望、职业吸引力和职业荣誉的总和。教师的职业地位受到多种因素的影响，包括社会对教育的重视程度、教师的专业素养、职业吸引力等。在许多国家，教师被视为一种崇高的职业，具有很高的社会声望和荣誉。这是因为教师承担着培养人才、传承文化、创新知识的重任，对于国家的发展和社会的进步具有重要的作用。

## （二）教师的作用

1. 教师在社会发展中的作用

（1）传播和发展科学文化，促进社会发展

教师在现代文明的发展中扮演着至关重要的角色。作为传承和发展的重要力量，教师不仅传授知识，还肩负着培养学生的责任，引导学生成为有道德、有知识、有能力的人才，为社会的进步和发展作出贡献。

教师的工作不仅涉及知识的传承，也包括引导学生独立思考、创新创造，培养学生的创新能力和实践能力。在这个过程中，教师需要具备高度的专业素养和教育教学能力，同时还要具备高尚的职业道德和敬业精神。

教师的工作是长期而艰巨的，他们需要不断学习新知识、更新教育观念、提高教学技能，以适应不断变化的社会需求。同时，教师还需要承担起培养社会责任感、树立正确价值观等重任。

在人类文明积淀的基础上，教师通过传承和发展文化科学知识，推动着社会的进步和发展。他们的工作不仅影响着每一个个体的成长和发展，也影响着整个社会的文化传承和创新。因此，我们应该高度重视教师的作用和地

位，提高教师的待遇和地位。

（2）探索和塑造人类灵魂，促进人类自身完善

教师的本职工作是教书育人，但随着社会的发展和教育的改革，教师的工作内容也在不断扩展和深化。

在思想教育方面，教师需要关注学生的思想动态和情感状态，及时发现和解决学生在成长过程中遇到的问题。

在道德教育方面，教师需要注重学生的道德教育和品格培养，引导学生树立正确的道德观念和行为习惯。同时，教师还需要注重自身的道德修养和人格魅力的提升，为学生树立良好的道德榜样。

2. 教师在教育过程中的作用

教师在教育过程中具有主导作用的原因主要有以下几点。

（1）引导学生发展

学生虽然是具有主体性的人，但他们的主体性往往受到自身认识水平和实践能力的影响，需要在教师的正确教育和引导下才能得到良好的发展。教师作为知识的传授者、思想的引领者，能够帮助学生开发潜力、提高能力，引导学生全面发展。

（2）组织教育活动

教育活动是有计划、有目的、有组织的活动，在人的发展中起主导性的作用。而这种主导作用主要是通过教师来实现的。教师拥有较完备的知识和能力素养，他们通过有计划、有组织的教育活动使学生了解社会的要求、社会的文明和习俗，对学生的价值观和世界观的形成具有重要影响。

（3）创造学习环境

教师通过创造良好的学习环境和氛围，激发学生的学习兴趣和积极性，提高学生的自主学习能力和创新思维能力。

## （三）教师职业的特点

教师职业的特点主要体现在以下几个方面（图3-2）。

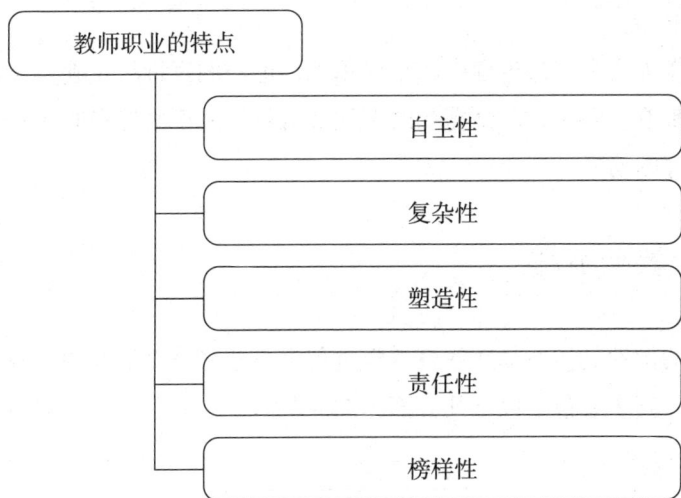

图3-2 教师职业的特点

1.自主性

教师的工作具有相对的独立性和自主性。虽然现代教育体系中教师通常以团队的形式进行教学，但每个教师仍需要独立地完成备课、课堂教学、作业批改和对学生进行辅导等环节。这种独立性要求教师具备较高的自主性和创造性，能够独自承担教育教学的全部责任。

2.复杂性

教师的劳动具有复杂性的特点。教师需要针对不同的学生个体，因材施教，而非像工人生产那样按照统一的流程进行操作。他们需要深入了解每个学生的特点、兴趣爱好和学习需求，以便更好地满足学生的个性化需求。

3.塑造性

教师的工作具有塑造人的灵魂的特点。他们不仅需要传授知识，还要引导学生形成正确的世界观、人生观和价值观，培养学生的社会责任感和公民意识。

4.责任性

教师职业需要承担很高的责任。他们需要对自己的教育教学行为负全面的责任，对学生的成长和发展承担重要的责任。同时，他们还需要承担起传承文化、创新知识的重任，为社会的进步和发展作出贡献。

5.榜样性

教师作为学生成长过程中的重要角色，他们的言行举止确实会对学生产生深远的影响。因此，教师需要时刻注重自身的品德修养和职业素养，为学生树立良好的榜样。

### （四）教师的德性

教师的德性是指教师在教育教学过程中不断修养而形成的一种获得性的内在品质，其主要包括以下几方面（图3-3）。

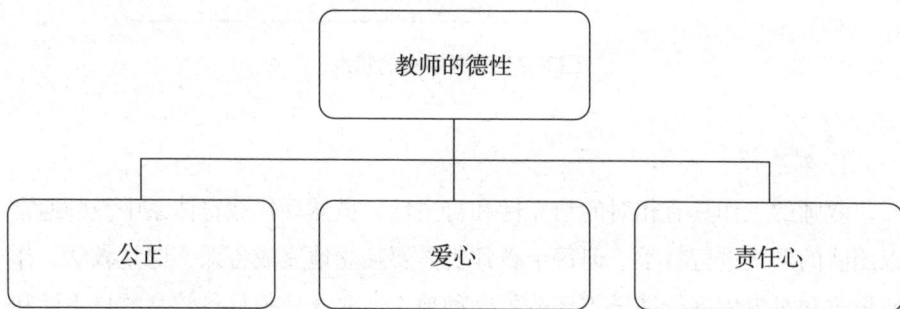

```
        ┌──────────────┐
        │   教师的德性  │
        └──────────────┘
   ┌───────────┼───────────┐
┌──────┐   ┌──────┐   ┌──────┐
│ 公正 │   │ 爱心 │   │ 责任心│
└──────┘   └──────┘   └──────┘
```

图3-3　教师的德性

1.公正

公正是指教师在教育教学过程中，应该对所有学生一视同仁，公平合理地满足每一个学生的需求，不偏袒任何一方，不歧视任何一方。这是教师职业道德的基本要求之一，也是教师赢得学生尊重和信任的重要保障。

在教育实践中，有些教师会偏爱某些学习好、表现好的学生，而对学习相对较差、表现不佳的学生则缺乏关注和耐心，这不仅会伤害学生的感情，也会剥夺他们平等受教育的权利。因此，教师在教学中一定要做到公正，平等地对待每一位学生。

为了实现公正，教师需要具备以下素质。

第一，尊重每一个学生的人格和个性差异，不以学生的学习成绩、家庭背景等为借口，歧视或忽视任何一个学生。

第二，了解每个学生的需求和问题，根据学生的不同特点和学习风格，采用不同的教学方法和策略，满足学生的个性化需求。

第三，公正评价学生的学习成果和表现，给予每个学生公正的评价和反馈，不偏袒任何一方，不压制任何一方。

第四，勇于纠正学生的错误和不良行为，不纵容学生的不良行为和错误观念，不放弃任何一个学生。

2.爱心

教师对学生的爱是一种深沉的、真挚的情感，它表现为关注学生的成长和发展，尊重学生的人格和权利，平等地对待每一位学生，用欣赏和悦纳的态度对待学生的优点和长处。

一个有爱心的教师不仅能够关心学生的学习成绩，还能够关注学生的情感需求，理解学生的内心世界，善于倾听学生的想法和困惑，给予学生真诚的关心和支持。这样的教师能够用情感的力量感染学生，激发学生的学习热情和创造力，帮助学生建立自信和自尊，培养学生的社会责任感和公民意识。

从古至今，许多有建树的教师都强调了爱心在教育中的重要性。我国近代教育家夏丏尊认为：教育如果没有情感和爱心，就像无水的池了，任凭外形如何变化，终究是空虚的。我国著名教育家陶行知先生也倡导"爱满天下"，认为一个没有爱心的教师是不称职的教师。

因此，作为一名教师，应该注重培养自己的爱心和情感素质。只有具备了真挚的爱心，才能够真正地关心学生、尊重学生、教育学生，也才能够赢得学生的信任和尊重。同时，教师还应该注重提高自己的专业素养和教育能力，以更好地为学生提供优质的教育服务。

3.责任心

教师的责任心是教师对教育职责的自觉认同和承担。它表现为教师对教育事业的高度热爱和关注，对学生的全面发展负责，对自己的行为和言论负责。然而，在市场经济的浪潮和各种利益的诱惑下，一些教师的责任心逐渐削弱。他们不再专注于教育教学工作，而是追求更高的工资待遇、更好的工作条件等个人利益。这些教师的行为不仅损害了学生的利益，也影响了整个教育行业的形象和声誉。

作为教师，应该时刻牢记自己的职责和使命，尽心尽力地做好自己的本

职工作。要关注每个学生的发展，开发每个学生的潜能，为学生创造良好学习环境，为社会培养优秀人才。只有这样，才能赢得社会的尊重和信任，也才能真正实现自己的职业价值。

因此，教师应该加强自身的职业道德建设，提高自己的专业素养和教育能力，以更好地承担起教师的职责和使命。同时，教育行政部门和学校也应该加强对教师的监管和管理，建立完善的评价机制和奖惩机制，促进教师更好地履行职责和使命。只有这样，才能为学生的成长和发展创造更好的条件和环境，也才能为社会的发展作出更大的贡献。

## （五）教师专业发展

1. 教师专业发展的一般阶段

教师专业发展通常包括以下几个阶段。

（1）适应过渡期

初入职场的教师往往实战经验较少，对学校的各方面了解也不多。这个阶段主要是适应具体的工作和教学流程，适应与学生之间的相处，并逐渐寻找解决教学问题的办法。

（2）成长期

经过一段时间的适应之后，教师逐渐会找到工作的感觉和节奏，同时开始形成实际的教育观念。这个阶段是形成教学风格和教学模式的关键时期。

（3）专业突破期

在长时间的教学工作之后，教师可能会感到职业新鲜感和好奇心锐减。在这个阶段中，教师需要找到打破僵局的办法，为自己的职业发展找到新的突破口。

（4）专业更新期

随着时代的变化和知识的不断更新，教师需要不断反思和检讨自己的教学方法和知识储备。在这个阶段，教师需要灵活运用自己的知识和技能，并利用好自己的主观能动性。

（5）专业成熟期

这是教师专业发展的最后一个阶段，教师已经积累了丰富的经验和技

能，能够自如地应对各种教学挑战。同时，这个阶段的教师通常能够在教学领域中发挥领导作用，为学生和学校的发展作出更大的贡献。

需要注意的是，以上阶段是教师专业发展的一般趋势，但不同教师个体在发展过程中可能会存在差异。此外，教师的专业发展是一个持续不断的过程，需要教师不断学习、实践和反思。

2.教师专业发展的影响因素

教师专业发展的影响因素可以从以下几个方面详细论述（图3-4）。

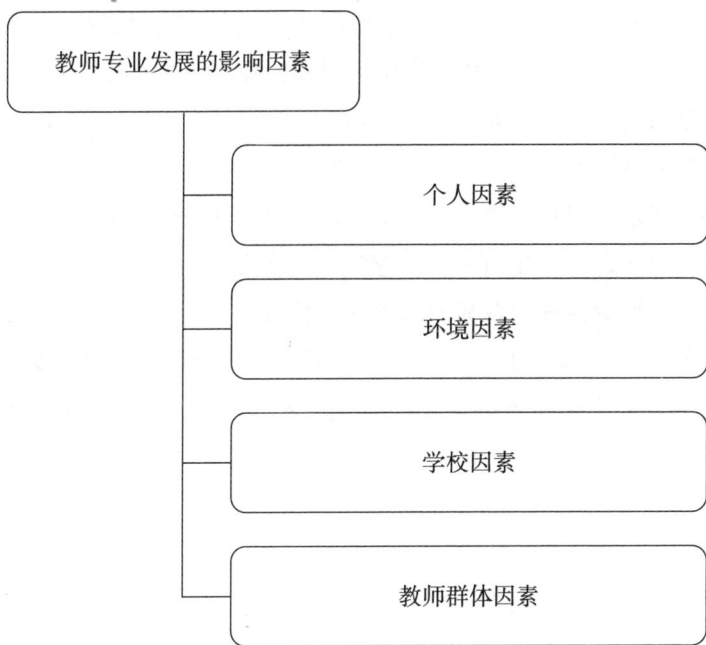

图3-4 教师专业发展的影响因素

- 教师专业发展的影响因素
  - 个人因素
  - 环境因素
  - 学校因素
  - 教师群体因素

图3-4 教师专业发展的影响因素

（1）个人因素

个人因素是影响教师专业发展最直接、最主要也是最根本的因素。教师的职业认同感、自我提升意识、学习意愿和动机等内在因素是影响其专业发展的关键。如果教师对自己的职业有高度的认同感，意识到自我提升和教育改革的重要性，并积极寻求学习机会，那么他们的专业发展将会得到极大的提升。

（2）环境因素

社会经济文化的发展水平对教师的专业发展产生着深远的影响。一个健康、文明、和谐的社会环境，可以为教师提供良好的教育教学氛围，促使教师积极投身于教育事业，不断提升自身的专业素养。同时，全社会对于教育与教师的地位与价值的认知和看法也会影响教师的职业认同感和使命感，进而影响教师的专业发展。

（3）学校因素

学校是教师进行教育教学工作的主要场所，更是教师专业发展的主阵地。学校的管理制度、教学质量、教师团队等都会对教师的专业发展产生影响。一个积极向上、团结协作、注重科研和教师培训的学校氛围，可以为教师提供良好的专业发展环境。

（4）教师群体因素

教师群体之间的相互学习、交流、合作和竞争状态，直接影响着教师的专业成长。教师之间的互动可以促进彼此的成长，互相学习、分享经验、共同解决问题，形成良好的教师团队和专业氛围。

综上所述，教师专业发展的影响因素是多方面的，需要社会各方面共同努力，为教师提供良好的工作环境和发展环境，促进教师的专业成长和发展。

# 二、现代教育中的学生

## （一）学生的本质属性

具体来说，学生的本质属性主要包括以下几方面的内容（图3-5）。

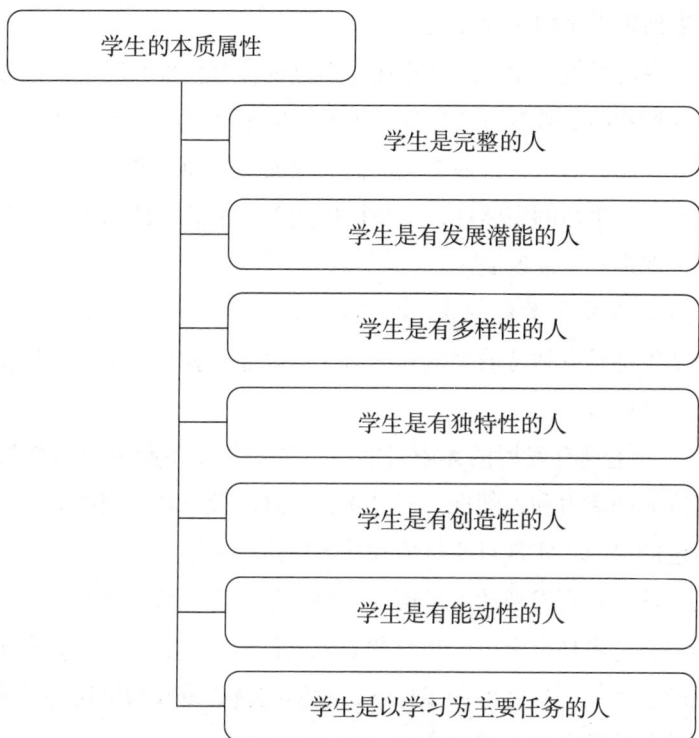

图3-5　学生的本质属性

### 1. 学生是完整的人

学生是完整的人，具有生理和心理两个层面。在教育过程中，我们应该充分尊重并理解学生的完整性，满足他们在生理和精神双方面的需求，促进其全面发展。

首先，学生的完整性体现在他们具有自然生命的发展需求。每个学生都有自己的身体和健康，需要得到保护和促进自然生命发展的机会。这意味着教育应该关注学生的身体健康和基本生存技能的培养，同时也要关注他们的心理健康和情感需求。

其次，学生的完整性也体现在他们具有追求智力、品德、审美等精神提升的需求。学生不仅是自然生命的存在，也是文化的存在。他们需要学习知识、发展智力，形成良好的品德和审美观，以适应社会发展的需求。因此，教育应该提供全面的教育内容，包括知识教育、道德教育、情感教育、审美

教育等，以促进学生的全面发展。

然而，在现实教育中，常常存在片面重视智育教育而轻视其他方面教育的现象。这种片面的教育方式导致学生发展的不平衡，可能会忽视学生在道德、情感等方面的需求，进而影响他们的全面发展和未来生活。因此，我们必须认识到学生生命的完整性，并积极创造条件去满足他们生理和精神双方面的需要，促进其全面发展。

2. 学生是有发展潜能的人

每个学生都具有独特的天赋和潜力，可以通过教育和自我发展实现不同程度的成长和成就。

第一，学生具有发展的无限可能性。他们处于不断成长和发展的过程中，具有巨大的潜力和可塑性。通过接受良好的教育和适当的引导，学生可以发掘自己的潜力，实现自我价值和社会价值。

第二，学生具有发展的不平衡性。每个学生都有自己擅长的领域和不足之处，需要教育者根据学生的特点和需求进行因材施教。同时，学生之间的差异也反映了他们的独特性和多样性，我们应该尊重并理解这些差异，为学生提供个性化的教育和发展机会。

在教育过程中，我们应该充分认识到学生的发展潜能，并积极创造条件去激发和挖掘这些潜力。首先，我们应该提供全面的教育内容，包括知识、技能、情感、道德等方面，以促进学生的全面发展。其次，我们应该采用多样化的教学方法和评估方式，适应不同学生的需求和能力水平，帮助他们实现最佳发展。此外，我们还应该鼓励学生积极参与课外活动和社会实践，培养他们的兴趣爱好和社会责任感，促进他们的个性化发展。

3. 学生是有多样性的人

每个学生都有自己独特的性格、兴趣、能力和需求，具有多样性是学生的本质特征之一。学生的多样性体现在多个方面。

第一，他们的背景和家庭状况各不相同，包括种族、民族、社会经济地位、文化背景等。这些因素影响了学生的生活经验和认知方式，形成了独特的个性和价值观。

第二，学生的兴趣爱好和能力也具有多样性。他们有着不同的兴趣爱好和优势领域，如音乐、艺术、科学、体育等。同时，学生的能力水平也不同，有些人在学习方面表现出色，有些人在实践操作方面更有优势。

第三，学生的性格和情感也具有多样性。他们的性格特点包括内向、外向、敏感、坚韧等，情感需求和表达方式也因人而异。这些因素影响了学生的交往方式和学习动力，也使得他们在教育过程中需要得到个性化的关注和支持。

在教育过程中，我们应该尊重并理解学生的多样性，采取灵活多样的教育方法和评估方式，以适应不同学生的需求和能力水平。

首先，应该关注学生的个性化差异，了解他们的兴趣爱好和优势领域，为他们提供多样化的学习内容和活动，激发他们的学习动力和创造力。其次，应该采用灵活多样的教学方法和评估方式，如项目学习、合作学习、探究学习等，以适应不同学生的学习风格和能力水平。

此外，我们还应该鼓励学生之间的交流和合作，促进他们的互相学习和成长。

4.学生是有独特性的人

学生可能具有不同的兴趣爱好，对不同的学科有不同程度的擅长，有的学生可能更善于抽象思维，而有的学生则更善于实践操作。他们的学习方式和思维风格也各不相同，有的学生可能更喜欢通过阅读来获取知识，而有的学生则更喜欢通过实验或实践来理解概念。此外，他们的学习需求和学习动机也不尽相同，这决定了他们对于学习的投入程度和积极性。

尊重学生的独特性是教育的重要原则之一。教师需要认识到学生的不同特点，理解他们的需求和动机，并以此为依据制定个性化的教学策略。这意味着教师需要提供多样化的学习资源和活动，以适应不同学生的兴趣和能力，同时也要给予他们适当的支持和指导，帮助他们实现最佳的学习效果。

在教育过程中，教师还需要鼓励学生发挥自己的优势和特长，同时也要帮助他们认识到自己的不足之处并加以改进。这有助于培养学生的自信心和自我认知能力，促进他们的全面发展。

5.学生是有创造性的人

学生具有创造性。每个学生都有潜在的创造力和创新精神，可以通过学习和实践不断发展自己的创新能力。

学生的创造性体现在多个方面。首先，他们在学习过程中经常会产生新

的想法和见解，这些想法可能来自对问题的独特思考，或者是在探究过程中产生的创新性假设。其次，学生在解决问题时也能够运用创新性的方法，寻找新的解决方案，这种创新能力对于未来的学习和工作都非常重要。最后，学生还具有创造性的思维方式和行为方式，这些都可以帮助他们更好地适应未来的社会和职业发展。

在教育过程中，我们应该激发学生的创造性，培养他们的创新精神。应该鼓励学生积极思考问题，发展自己的想象力，培养他们的批判性思维和创造性思维。也应该提供具有挑战性的学习任务和问题，引导学生通过实践和探究来解决问题，培养他们的创新能力和实践能力。此外，还应该鼓励学生之间的交流和合作，促进他们互相学习和启发，激发他们的创新思维和合作精神。

6. 学生是有能动性的人

学生的能动性是教育活动中的重要因素，他们的能动活动是教育输入与输出之间的中介，决定了教育活动的复杂性和难度。为了激发学生的积极能动性，教师需要注重以下几个方面。

（1）激发学生的学习兴趣和动力

教师需要了解学生的兴趣爱好和学习需求，根据他们的特点设计有趣味性的学习活动，激发学生的学习兴趣和动力，让他们自觉地参与学习过程中。

（2）引导学生自主学习

教师需要引导学生掌握正确的学习方法和策略，培养他们的自主学习能力，让他们能够独立思考和解决问题。同时，教师也需要给予学生足够的支持和指导，帮助他们克服学习中的困难和挑战。

（3）培养学生的自我管理能力

学生需要具备自我管理能力，包括时间管理、情绪管理和行为管理等方面。教师可以通过制定合理的规则和目标，帮助学生建立良好的自我管理体系，提高他们的自我管理能力。

（4）创造良好的教育环境

教育环境对于学生的学习和发展至关重要。教师需要创造一个积极、和谐、富有创造力的教育环境，让学生感受到安全、自由和尊重，从而更好地发挥他们的能动性和创造力。

（5）关注学生的个性化需求

每个学生都有不同的学习需求和学习风格，教师需要关注学生的个性化需求，提供个性化的教学和支持，让学生能够按照自己的节奏和方式进行学习和发展。

7. 学生是以学习为主要任务的人

学生的主要任务是学习，这包括学习各种学科知识、技能、规则和价值观。学生的学习通常是在学校环境中进行的，由教师指导，遵循一定的教育目标和课程设置。

首先，学生需要学习各种学科知识，包括数学、语文、科学、历史等。这些知识是学生在未来生活和工作中所必需的基础。通过学习，学生可以获得对世界的认识和理解，提高自己的认知水平。

其次，学生需要学习各种技能，包括体育、音乐、绘画、编程等。这些技能不仅有助于学生的个人发展，也有助于他们在未来的职业中更好地发挥自己的能力。

此外，学生还需要学习规则和价值观。这些规则和价值观通常是由学校、家庭和社会所共同制定的。学生需要遵守这些规则和价值观，以表现出良好的行为和道德品质。这些规则和价值观有助于学生形成良好的个人品质和社会责任感。

学生的学习不仅限于课堂学习，还包括课外活动和社会实践。通过参加课外活动和社会实践，学生可以接触到更广泛的知识和技能，提高自己的社会适应能力。

总之，学生的学习是一个持续不断的过程，需要教师的指导和支持。通过学习，学生可以获得知识和技能，培养思维能力、情感态度和价值观，为未来的生活和职业发展做好准备。

## （二）学生的权利与义务

1. 学生的权利

学生的权利是指学生在教育过程中应该享有的权利和利益。这些权利包

括但不限于以下几个方面。

（1）受教育权

这是学生最主要的权利之一。学生有权利接受义务教育，并有权在不受任何歧视的情况下获得平等的教育机会。学校和教育机构应该尊重学生的受教育权利，不得以任何借口剥夺或限制学生的受教育机会。

（2）人身权

人身权包括身心健康权、人身自由权和人格尊严权等。学生的人身安全和健康应该得到保障，学校和教育机构应该采取必要的措施保护学生的安全和健康。同时，学生有权支配自己的身体和行动，不受非法的搜查和拘禁。教师不得随意对学生进行体罚或变相体罚，必须尊重学生的人格尊严。

（3）学习权

学生有权在学校和教育机构中学习，包括听课、讨论、实验、完成作业和考试等活动。教师不得以任何借口侵犯或剥夺学生的学习权利，必须尊重学生的学习权利，提供必要的学习资源和支持。

（4）休息权

学生有权按照法律规定的时间休息和上下课，避免过度劳累和压力。学校和教育机构应该保障学生的休息权利，不得以任何理由剥夺学生的休息时间。

（5）著作权

学生有权保护自己的作品，包括作文、绘画和其他创作。未经学生本人同意，教师不得随意发表或使用学生的作品。如果引用或发表了学生的作品，必须注明作者并支付稿酬。

（6）选举权和被选举权

在学校中，学生享有选举权和被选举权。这种权利不受教师和其他人的干涉。

（7）批评建议权

学生作为学校的成员之一，有权对学校和教师进行批评和提出建议，这是学生应该享有民主权利之一。

除了以上提到的权利之外，学生还享有其他一些权利，如隐私权、获得公正评价的权利等。这些权利都是为了保障学生在教育过程中的平等、公正和自由的权益。

在教育过程中，我们应该尊重和保护学生的权利，确保他们在安全、平等、公正的环境中学习和成长。学校和教育机构应该采取必要的措施保障学生的权利，如制定相应的规章制度、建立学生权益保障机制等。同时，教师应该尊重学生的权利，不得以任何借口侵犯或剥夺学生的权利。

2.学生的义务

学生的义务主要包括以下几个方面。

第一，遵守法律法规和学校的管理制度。学生有义务遵守国家法律、法规，以及学校制定的各项管理制度。这是学生最基本的义务，也是他们作为社会公民的必然要求。

第二，完成学习任务。学生有义务认真学习，完成规定的学业。这包括认真听课、完成作业、参加实验和考试等学习活动。

第三，尊重师长和同学。学生有义务尊敬师长，与同学和睦相处。这是培养学生良好品德和行为习惯的重要方面。

第四，维护学校秩序和安全。学生有义务维护学校秩序和安全，不进行违法违纪的行为，不参与任何可能危及自己或他人安全的活动。

第五，遵守学术道德。学生有义务恪守学术道德，诚实守信地进行学习和研究，不抄袭、不作弊，不侵犯他人知识产权等。

这些义务是学生作为学生身份所必须履行的责任，同时也是对自己、对他人和对社会的尊重和负责。

## （三）学生观

学生观的核心是对学生身心发展特点的认知和理解，以及如何正确处理教育与学生身心发展的关系。树立正确的学生观是每位教育者的重要使命。只有深入了解和认识学生的身心发展特点，才能建立起科学、合理的学生观，以促进每一个学生的全面发展和成长。

1.主体化的学生观

学生是学校教育活动的核心，是学习活动的主体。尊重学生的主体地位和作用，是教师的重要职责。为了培养学生的自主性，教师需要关注以下几个方面。

第一，培养学生对自身行为的支配、调节和控制的能力。这意味着教师要引导学生了解自己的行为如何影响他人，以及如何对自己的行为负责。

第二，反思学生自主性发展与自己的关系。教师需要思考如何通过教育过程促进学生的自主性发展，并建立促进学生自主性发展的强烈意识和正确思路。这意味着教师需要将学生的自主性发展视为教育的重要目标，并思考如何通过教学策略和教学方法促进这一目标的实现。

2.发展化的学生观

作为教师，应该充分认识到学生的未完成性和发展潜力，为学生创造更多的机会来发掘和发挥他们的潜力。

首先，教师应该尊重每一个学生，认识到每个学生都是独一无二的个体，制定个性化的教学策略，以促进学生的全面发展。

其次，教师需要时刻记住，学生在某一个阶段的发展方向并不能代表其最终的成就。学生的发展是一个不断变化的过程，他们可能会经历各种挑战和困难，但只要给予适当的支持和指导，他们就有可能克服困难并实现自己的目标。因此，教师需要以发展的眼光看待学生，关注学生的长期发展，并为其提供必要的支持和帮助。

最后，教师需要从学生生命全程的需要出发，规划学生的发展目标。学生的发展不仅是对知识的掌握和成绩的提高，还涉及学生的身体健康、心理素质、社交能力等多个方面。因此，教师需要关注学生的全面素质的发展，包括身体健康、心理健康、社会交往能力等方面。

在教育过程中，教师需要以全人观的视角来看待学生，关注学生的综合发展和成长。同时，教师也需要不断反思自己的教学方法和策略，不断改进和提高自己的教育水平，以更好地适应学生的需求和发展。通过这样的方式，教师可以帮助学生发掘自己的潜力，实现自己的目标，并为他们的未来发展打下坚实的基础。

3.人性化的学生观

在教育过程中，教师需要关注学生的身心素质和个性发展。学生的身体和心理健康是他们学习和成长的基础，教师需要关注学生的身体健康和情感状态，为他们提供必要的帮助和支持。

树立人性化的学生观，要求教师充分了解学生的特点和需求，关注他们的思想、感情和个性发展。教师需要以真诚、理解和尊重的态度对待学生，与他们建立良好的关系，并在此基础上开展有效的教学活动。

4.法治化的学生观

学生是一个具有自己法定的权利和义务的独立社会成员，同时也是一个法律和伦理上的权责主体。因此，教师在教学过程中应该尊重学生的权利和义务，引导学生学会对自己、对他人、对社会负责。

首先，教师需要引导学生了解自己的权利和义务。学生作为独立的法律主体，享有法律规定的权利，如受教育权、人身安全权、隐私权等。同时，学生也承担一定的法律义务，如遵守学校规定、尊重他人、不进行违法违纪的行为等。教师需要帮助学生了解这些权利和义务，并引导他们正确行使自己的权利，履行自己的义务。

其次，教师需要引导学生学会对自己、对他人、对社会负责。学生作为社会成员之一，应该承担自己的社会责任。

最后，教师需要树立法治化的学生观，视学生为责权主体的观念。在教育过程中，教师应该尊重学生的权利和尊严，保护学生的合法权益，不侵犯学生的隐私权和个人信息等。同时，教师也应该引导学生树立正确的法治观念和道德观念，自觉遵守法律法规和社会公德，维护社会秩序和公平正义。

## 三、现代教育中的师生关系

### （一）师生关系的历史嬗变

1.以教师为中心的师生关系

在传统社会中，人们过于重视知识教学，视教师为知识的唯一源泉，导致以教师为中心的师生关系形成。在这种关系中，教师被认为是知识的权威，而学生则被视为被灌输知识的容器和被改造的对象，导致学生的个体性和独立性被忽视。

近代以来，随着科学技术的不断发展和控制力的增强，教育活动的重点

放在了快速传递大量知识上，使得教师成为教育活动的中心和权威。在这种以教师为中心的教学关系中，学生的主体性被忽视，他们成为被控制和统治的对象。而教师也被知识所奴役，精神上失去了自由。

### 2.以学生为中心的师生关系

19世纪末20初，在世界各国的教育改革中出现了以学生为中心的师生关系。这种新的师生关系注重学生的地位和主体性的发挥，强调学生的个性和潜能发挥。然而，这种关系也存在一些问题。

一方面，教师在这种关系中失去了主体地位，他们的积极作用无法得到充分发挥。这可能会导致教师在教育中的地位和作用受到削弱，无法有效地传递知识和经验，也无法对学生进行有针对性的指导和帮助。

另一方面，学生在这种关系中的主体地位往往只是空有其表。如果教师无法发挥其应有的作用，学生的发展可能会受到影响。学生可能会缺乏必要的指导和支持，无法真正实现潜能的发挥和个人的发展。

### 3.以教师为主导、学生为主体的师生关系

随着社会的不断发展，人们逐渐认识到以教师为中心和以学生为中心的师生关系都存在一些极端化的倾向，可能使主客体处于对立的、统治与被统治的关系中。因此，20世纪80年代，在我国教育理论界又提出了以教师主导、学生主体的师生关系。

以教师为主导、学生为主体的师生关系是一种互动的、相互依存的关系。在这种关系中，教师和学生是平等的个体，他们在教学活动中相互尊重、相互支持、相互合作，共同促进教育的发展和进步。这种关系有助于培养学生的自主性、创造性和独立思考能力，同时也有助于提高教师的教育水平和职业素养。

## （二）良好师生关系的特点

良好师生关系的特点主要包括以下几个方面（图3-6）。

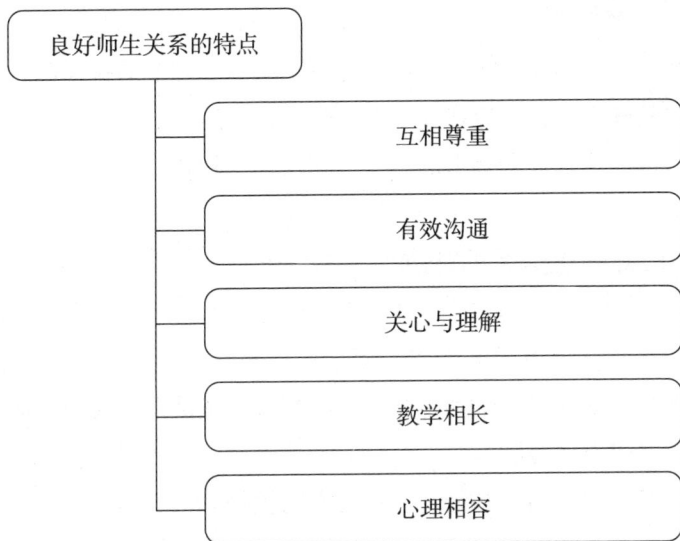

图3-6　良好师生关系的特点

1. 互相尊重

良好师生关系的基石是互相尊重。教师尊重学生的人格、观点和情感，学生尊重教师的教诲和指导。这种尊重是建立在平等和公正的基础上的，教师和学生之间没有高低贵贱之分，每个人都应该受到尊重和珍视。

2. 有效沟通

良好师生关系的建立需要有效的沟通。教师和学生之间应该建立良好的沟通渠道，包括面对面的交流、书面沟通以及通过现代科技手段进行的交流等。有效的沟通能够消除误解和障碍，增进彼此之间的理解和信任。

3. 关心与理解

良好师生关系的一个重要特征是关心与理解。教师关心学生的成长和发展，关注他们的需求和困难，尽力为他们提供帮助和支持。同时，学生也应该理解教师的期望和要求，积极配合教师的教学和管理。

4. 教学相长

在教育教学过程中，教师和学生相互促进、共同进步。教师通过教授知识、引导学生思考和实践，不断提升自己的教学水平和专业素养。学生则在接受知识和技能的过程中，不断发展和提升自己的能力和素质。

5.心理相容

教师和学生之间应该相互接纳和包容，避免心理上的排斥和对抗。教师不应该偏袒某些学生，而应该关注全体学生，帮助他们克服困难和问题。学生也应该对教师持理解和尊重的态度，积极参与教育教学活动。

## （三）良好师生关系的建立

1.良好师生关系建立的影响因素

良好师生关系的建立受到多种因素的影响，包括以下几个方面。

（1）教师的人格特质

一个性格开朗、热情友好、平易近人的教师通常更容易与学生建立良好的关系。相反，一个性格孤僻、冷漠的教师则可能难以与学生建立密切的联系。

（2）教师的教育方法和态度

教师的教学方法是否得当、态度是否积极，都会直接影响到学生的学习积极性和与教师的互动。一个认真负责、充满激情的教师通常会得到学生的尊重和喜爱。

（3）学生的个性特点

一些学生可能更容易与教师建立良好的关系，而另一些学生则可能对教师产生抵触情绪。因此，教师需要针对不同的学生采取不同的教育方法和策略，以建立更加良好的师生关系。

（4）师生之间的沟通和互动

师生之间的沟通和互动是建立良好师生关系的桥梁。有效的沟通能够帮助师生相互了解、解决问题，避免误解和冲突。因此，教师需要关注学生的需求和问题，积极与学生进行沟通和交流，以建立更加密切的合作关系。

（5）学校文化和教育环境

学校文化和教育环境也是影响师生关系的重要因素。一个积极向上、和谐友好的学校文化可以促进师生之间的相互尊重和信任，有利于建立良好的师生关系。同时，教育环境也会影响师生之间的互动和合作，如班级规模、教学设施等都会对师生关系产生影响。

2.良好师生关系建立的策略

（1）树立良好的学生观

树立良好的学生观是建立良好师生关系的策略之一。良好的学生观强调对每个学生的尊重和信任，关注学生的个体差异和需求，以及重视学生的主动性和创造性。

首先，教师需要认识到每个学生都是独特的个体，具有自己的兴趣、特长和潜力。教师应该尊重学生的个性，并给予他们充分的发展空间。同时，教师也应该相信学生有能力自主学习和独立思考，鼓励他们发挥自己的创造性和想象力。

其次，教师需要关注学生的需求和问题，尤其是关注学生的情感和心理健康。教师应该通过多种方式了解学生的学习情况和生活状况，关心他们的困难和挑战，并提供必要的支持和帮助。

最后，教师需要重视学生的主动性和创造性，鼓励学生积极参与教育教学活动。教师可以采用多种教学方法和手段，激发学生的学习兴趣和动力，促进他们的自主学习和独立思考能力的发展。

（2）提高师德修养

师德是教师职业道德的核心，是教师素质的重要组成部分。提高师德修养可以帮助教师更好地履行自己的职责，建立良好的师生关系。

第一，教师需要具备高度的敬业精神和责任感，认真履行教育教学职责。教师应该对教育事业充满热情和信心，以身作则、为人师表，为学生树立良好的榜样。

第二，教师需要关心和爱护学生，关注学生的全面发展和需求。教师应该具备仁爱之心，以慈爱、友善的态度对待学生，关心他们的学习、生活和身心健康，帮助他们解决困难和问题。

第三，教师需要具备严谨的治学态度和精湛的教学技能。教师应该具备扎实的专业知识和丰富的教学经验，注重教学质量和效果，不断提高自己的教学水平和能力。

第四，教师需要具备遵纪守法、廉洁从教的品德。教师应该遵守国家法律法规和教育政策，严格遵守学校规章制度和工作纪律，不接受学生家长的礼品、礼金和宴请等行为，保持清正廉洁的形象。

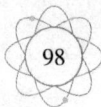

3. 提升教学基本功

学生与教师之间的互动关系很大程度上取决于他们对课程内容的兴趣和掌握程度。如果教师能够提升教学基本功，让学生对课程内容产生兴趣并掌握知识技能，这将有助于建立良好的师生关系。

首先，教师需要认真备课，充分了解课程内容和学生需求。他们应该选择适合学生的教学方法和手段，让学生能够轻松愉快地掌握知识。教师还应该关注学生的个体差异和需求，因材施教，帮助学生克服学习困难。

其次，教师需要注重培养学生的能力素质。除了传授知识之外，教师还应该注重培养学生的思维能力、创新能力、实践能力和团队协作能力等方面的素质。这些能力素质的培养有助于学生在未来的学习和工作中更好地适应和发展。

最后，教师需要关注学生的学习进步和反馈。他们应该及时了解学生的学习情况，给予指导和帮助，让学生感受到教师的关心和支持。教师还应该鼓励学生提出问题和建议，及时调整教学策略和方法，以更好地满足学生的需求。

4. 改革教育制度

在教育过程中，教师与学生之间是知识的传承和扩大的关系，教师承载着传道、授业、解惑的责任。这种关系并不是简单的利益关系，而是建立在信任、尊重和理解的基础上的。

要恢复良好的师生关系，需要进行教育制度改革。教育制度改革可以消除教育中的功利心态，让教育回归其本质，注重学生的全面发展和教师的专业成长。同时，包括户籍制度、社会福利保障制度在内的制度改革也应该同步进行，以确保教育资源的公平分配和社会环境的稳定和谐。

# 第二节 现代教育与社会发展对教师心理的挑战

## 一、教育改革对教师心理的挑战

教育改革对教师的心理承受力提出了更高的要求。教师需要适应新的教育理念和教学要求，同时还要关注学生的情感需求和心理健康，这可能会对教师的心理承受力带来一定的挑战。

为了应对这些挑战，教师需要积极适应教育改革的变化，提高自己的专业素养和教学技能，同时加强自身的心理调适能力。具体来说，应做到以下几方面。

### （一）接受新的教育理念

教育改革带来了新的教育理念和教学要求，教师需要积极接受和理解这些理念和要求，并将其应用到自己的教学实践中。这有助于教师更好地适应教育改革的变化。

### （二）持续学习和提高技能

教师需要不断学习和提高自己的专业素养和教学技能，以应对更高的期望和更高的要求。可以通过参加培训、阅读专业书籍、与同行交流等方式来不断提高自己的能力。

### （三）关注学生的需求

教育改革强调学生的主体地位和全面发展，教师需要关注学生的情感需求和心理健康，建立良好的师生关系，为学生提供更好的教育服务。

## （四）寻求支持和合作

教师不是孤立的，可以寻求同事、学校和教育部门的支持和合作，共同应对教育改革带来的挑战。通过与同行教师相互之间听课、评课、参与教研活动等方式，与同行分享经验和互相学习。

## （五）保持积极心态和自我调节

教师需要保持积极心态和自我调节能力，以应对教育改革带来的压力和挑战。可以通过运动、放松、社交等方式来缓解压力和调整心态，保持心理健康。

# 二、教育对象对教师心理的挑战

## （一）把握学生心理发展特点的需要

以下是与以往任何时代相比，现代学生的一些心理发展特点。

1. 独立意识增强

现代的学生更加注重独立性和自主性，他们希望在思想观念、生活方式等方面能够自主决策，不喜欢受到他人的限制和束缚。这种独立意识不仅体现在学生的个人生活中，也涉及他们的学习和发展。

2. 知识面广、思维灵活

现代学生获得知识的渠道非常广泛，除了传统的课堂教育，他们还可以通过互联网、社交媒体等途径获取各种信息。这使得现代学生的知识面更加广泛，思维更加灵活。同时，这也意味着学生需要更加自主地筛选和处理信息，以适应快速变化的信息环境。

3. 社会参与度高

现代学生更加关注社会问题，他们希望通过自己的努力为社会作出贡献。这种社会参与精神是现代学生心理发展中的一个重要特点。

4.价值观多元化

现代社会的多元化趋势也影响了学生的价值观。学生更加尊重和接纳不同文化和价值观，这也使得他们在成长过程中面临更多的选择和困惑。

作为教师，需要充分了解和尊重学生的心理发展特点，采取适当的教学方法和策略，以帮助学生更好地应对成长过程中的挑战和困惑。例如，教师可以引导学生树立正确的价值观，培养学生的自主性和创造性，以及提供个性化的教育支持等。同时，教师也需要不断更新自己的教育理念和方法，以适应不断变化的学生心理发展特点和社会需求。

## （二）促进学生心理健康发展的需要

教育与心理发展是密不可分的。在教学过程中，教师不仅需要关注学生的知识掌握情况，还需要关注学生的心理健康状况和心理发展情况。教师在教学过程中应该更好地关注学生的心理健康，具体来说，可以做到以下几方面。

1.建立良好的师生关系

教师需要与学生建立良好的关系，了解他们的需求和问题，关注他们的情感变化，以及倾听他们的心声。这有助于学生信任教师，更愿意与教师交流，从而更好地促进学生的心理发展。

2.融入心理健康教育

教师在教学过程中可以融入心理健康教育的内容，通过引导学生探索心理健康的相关问题，帮助他们了解心理健康的重要性，并培养他们的心理健康意识。

3.运用科学的教育方法

教师可以运用科学的教育方法，如情景模拟、角色扮演、讨论分析等，帮助学生提高自我认知、培养情绪调节能力、增强人际交往能力等，以促进学生的心理发展。

4.定期开展心理测评

教师可以定期开展心理测评，了解学生的心理状况和问题，以及时发现和解决学生的心理问题。

5.提升教师的心理素质

教师自身的心理素质对学生的心理发展也有重要影响。教师需要不断提升自身的心理素质，如情绪管理能力、压力应对能力、人际交往能力等，以更好地引导学生健康成长。

## 三、社会发展对教师心理的挑战

### （一）健康的心理是教师承担社会责任的前提

教师作为社会中的重要角色，承担着培养未来人才和传递文化知识的重任。他们不仅需要拥有专业的知识和技能，还需要具备健康的心理品质和良好的道德素质。

首先，健康的心理对于教师履行教育职责至关重要。一个健康的心理状态可以让教师更好地专注于教学工作，发挥自己的专业知识和技能，同时也能够更好地关注学生的需求和情感，为学生的成长提供更好的支持。

其次，健康的心理有助于教师塑造良好的榜样形象。教师作为学生的楷模和榜样，其言行举止对学生的成长具有重要影响。如果教师自身存在心理问题或不良行为习惯，将会给学生带来负面影响，不利于学生的健康成长。因此，教师需要具备健康的心理品质和良好的道德素质，以身作则，为学生树立正面的榜样。

最后，健康的心理有助于教师应对工作压力和挑战。教育工作是一项充满挑战和压力的工作，教师需要面对各种复杂的学生问题、家庭教育问题、学校管理问题等。如果教师自身存在心理问题或缺乏应对压力的能力，将会无法有效地应对这些问题，甚至会被这些问题所困扰和击败。因此，教师需要具备健康的心理品质和应对压力的能力，以更好地应对工作中的挑战和压力。

### （二）健康的心理是教师促进学生健康发展的保障

教师作为学生成长过程中的重要引导者和支持者，对学生的健康发展具有重要影响。

首先，教师具备健康的心理品质，能够更好地理解和关注学生的需求和问题。在教育教学过程中，教师需要关注学生的情感、兴趣、动机等心理因素，了解他们的内心世界，从而更好地引导和帮助他们成长。如果教师自身存在心理问题或缺乏关注学生的能力，将会无法有效地理解学生的需求和问题，难以提供有效的支持和帮助。

其次，教师具备健康的心理品质，能够为学生提供更加积极、健康的学习环境和氛围。教师的心态和情绪直接影响着学生的学习环境和氛围，如果教师自身存在消极情绪或不良行为习惯，将会给学生带来负面影响，破坏学生的学习环境和氛围。因此，教师需要保持积极、健康的心态，营造愉悦、和谐的学习环境和氛围，帮助学生更好地学习和成长。

最后，教师具备健康的心理品质，能够更好地培养学生的心理健康和社会适应能力。学生的心理健康和社会适应能力是他们未来发展的重要基础，教师作为学生成长过程中的重要引导者和支持者，需要关注学生的心理健康和社会适应能力的发展，提供必要的支持和帮助。如果教师自身存在心理问题或缺乏相关能力，将会无法有效地培养学生的心理健康和社会适应能力，影响他们的未来发展。

# 第三节　信息化时代教师智慧教学能力的提升

## 一、教师应具备良好的信息素养

在信息化时代，信息素养已成为教师必备的职业素养之一。教师作为学生获取知识、培养能力的重要引导者，应具备良好的信息素养，以适应教育信息化的趋势和满足学生的学习需求。

首先，教师需要具备基本的计算机操作能力和信息检索能力。他们需要掌握常用的计算机操作技巧和网络搜索技巧，能够快速、准确地获取所需的教学资源，并能够合理地整理、分析和利用这些资源。

其次，教师需要具备信息处理和加工能力。在信息化时代，信息量巨大且更新迅速，教师需要具备对信息进行筛选、鉴别、评价的能力，能够从海量信息中提炼出有价值的内容，并将其转化为适合学生学习的教学资源。

再次，教师还需要具备信息整合能力。他们需要将信息技术与学科教学进行有机整合，将信息技术与学科课程相融合，创新教学方式，提高教学效果。同时，教师还需要将信息技术与学生的生活实际相结合，引导学生运用信息技术解决实际问题，培养学生的创新思维和实践能力。

最后，教师需要具备信息安全意识。在信息化时代，信息安全问题日益突出。教师需要了解并遵守相关的信息安全法规和道德规范，保护学生的隐私和信息安全，避免因信息泄露或不当使用而带来的不良后果。

## 二、创新教学方式

在信息化时代，将传统教学方式与信息技术相结合，创新教学方式是提高教学效果的重要途径。

第一，利用多媒体技术制作生动形象的课件。通过利用多媒体技术，教师可以制作出生动形象的课件，将抽象的知识点以更加直观、形象的方式呈现给学生。

第二，利用网络平台开展线上教学。网络平台的普及为教师提供了新的教学途径。教师可以利用网络平台开展线上教学，实现师生实时互动，让学生随时随地都能接触到优质的教育资源。线上教学还可以通过在线测试、在线讨论等方式丰富教学内容和形式，提高教学效果。

第三，采用翻转课堂、混合式教学等新型教学模式。翻转课堂、混合式教学等新型教学模式可以激发学生的学习兴趣和动力，提高教学效果。

## 三、强化实践教学

实践教学是培养学生创新思维和实践能力的重要途径。教师需要设计具有挑战性的实践项目，引导学生主动探究和思考；学校需要提供实验室和实践基地等支持和保障。通过实践教学与课程内容的紧密结合以及注重评价和反馈等方式的综合运用，可以更好地培养学生的创新思维和实践能力。

第一，设计具有挑战性的实践项目。教师需要结合课程内容和学生实际情况，设计具有挑战性的实践项目。这些实践项目可以包括实验、研究、设计、策划等多种形式，旨在引导学生主动探究和思考。

第二，引导学生主动探究和思考。在实践教学中，教师需要引导学生主动探究和思考。学生可以通过查阅资料、设计实验、制作作品等方式，自主解决问题和完成任务。在这个过程中，教师需要关注学生的进展和困难，及时给予指导和帮助，同时鼓励学生发挥自己的想象力和创造力，提出新的想法和解决方案。

第三，提供实验室和实践基地。学校可以提供实验室和实践基地，为教师开展实践教学提供支持和保障。实验室和实践基地可以为学生提供良好的实验环境和设备，帮助他们完成实践项目。同时，这些基地还可以为学生提供实践机会，让他们在实践中学习知识、掌握技能，培养创新思维和实践能力。

第四，与课程内容紧密结合。实践教学需要与课程内容紧密结合。教师需要根据课程目标和学生实际情况，设计符合课程要求的实践项目。通过将课程内容与实践教学相结合，可以更好地帮助学生掌握知识和技能，提高他们的学习效果。

第五，注重评价和反馈。实践教学需要注重评价和反馈。教师需要关注学生的实践进展和成果，及时给予评价和反馈。评价不仅包括结果性评价，还包括过程性评价，即关注学生在实践过程中的表现和进步。同时，教师还需要给予学生积极的反馈，鼓励他们在实践中发挥自己的优势和潜力。

## 四、培养学生的学习能力

培养学生的学习能力比单纯传授知识更为重要。教师需要关注学生的学习特点和需求，注重培养他们的自主学习意识和习惯；同时还需要引导学生在实践中学会学习，利用网络资源提供丰富的学习材料和实践项目，鼓励学生通过自主学习和合作学习的方式提高学习能力。

第一，关注学生的学习特点和需求。教师需要关注学生的学习特点和需求，了解他们的学习风格、兴趣爱好和认知能力等方面的差异。根据学生的实际情况，教师可以更好地设计适合学生的学习方案和教学策略，以培养学生的自主学习意识和习惯。

第二，培养自主学习意识和习惯。教师需要注重培养学生的自主学习意识和习惯。学生需要意识到学习是自己的责任，而不是教师的责任。教师可以给予学生一定的自主权和选择权，让他们自己制定学习计划、安排学习时间、选择学习方式等。同时，教师还可以通过奖励、鼓励等方式激发学生的自主学习动力和积极性。

第三，引导学生在实践中学会学习。教师需要引导学生在实践中学会学习。学生可以通过实践项目、实验操作、社会实践等方式，将理论知识与实际操作相结合，更好地理解和掌握知识。同时，实践还可以培养学生的动手能力、问题解决能力和创新能力等。

第四，利用网络资源提供丰富的学习材料和实践项目。教师可以利用网络资源为学生提供丰富的学习材料和实践项目。网络上有很多开放性的教育资源，教师可以筛选适合学生的资源，推荐给学生。同时，教师还可以根据学生的实际情况和课程需求，设计一些具有挑战性的实践项目，让学生在实践中锻炼自己的能力和技能。

第五，鼓励学生通过自主学习和合作学习的方式提高学习能力。教师可以鼓励学生通过自主学习和合作学习的方式提高学习能力。自主学习可以培养学生的独立思考能力和解决问题的能力，而合作学习可以培养学生的团队合作能力和沟通能力。教师可以组织学生进行小组讨论、合作学习等活动，让学生在互相交流和学习中提高自己的能力。

## 五、促进教师专业发展

教师专业发展是提升智慧教学能力的重要途径。学校需要为教师提供学习和交流的平台，鼓励他们参加各类学术竞赛和科研项目，拓宽视野和知识面；同时还需要建立激励机制并提供资源支持，以激发教师提升自身专业素养和综合能力的积极性。只有这样，才能更好地培养出具有创新思维和实践能力的新时代人才。

第一，定期组织教研活动和专业培训。学校可以定期组织教研活动和专业培训，为教师提供学习和交流的平台。这些活动可以包括观摩优秀教师的教学实践、听取专家讲座、参加教学研讨会、参与教材开发等。通过这些活动，教师可以了解最新的教育教学理念和方法，学习优秀教师的教学策略和技巧，提高自己的专业素养和教学能力。

第二，参加学术会议和学术竞赛。学校可以鼓励教师参加各类学术会议和学术竞赛，以拓宽视野和知识面。学术会议和学术竞赛是教师们交流研究成果、分享经验、结识同行的重要平台。通过参加这些活动，教师可以了解各领域的最新研究成果和学术动态，同时也可以锻炼自己的科研能力和学术素养。

第三，参与科研项目。学校可以鼓励教师参与科研项目，以提升自身的专业素养和综合能力。科研项目是教师们深入探究学科领域、开展创新性研究的重要机会。通过参与科研项目，教师可以提高自己的研究能力和实践水平，同时也可以为学科建设和学校发展作出贡献。

第四，建立激励机制。学校可以建立科学的激励机制，鼓励教师积极参与专业发展和科研活动。例如，可以设立专门的奖励机制，表彰在专业发展和科研方面取得突出成绩的教师；同时也可以提供晋升机会和职业发展规划，为教师的专业发展提供更多的支持和空间。

第五，提供资源支持。学校可以为教师提供必要的资源支持，以帮助他们更好地进行专业发展和科研活动。例如，可以提供实验室、研究设备等硬件资源，也可以提供图书、数据库等软件资源；同时还可以为教师提供一定的经费支持，帮助他们更好地开展科研和学术活动。

## 六、创设智慧化教育环境

智慧教育环境可以为教师提供更好的教学支持和资源共享。学校需要加强数字化校园和智慧教室的建设，为教师提供智能化的教学工具和资源。通过智慧教育环境的建设和完善，可以提高教师的教学水平和教学质量，培养出更多具有创新思维和实践能力的新时代人才。

第一，数字化校园和智慧教室的建设。数字化校园可以包括多媒体教室、电子图书馆、在线学习平台等设施，为教师提供便利的教学条件和丰富的教学资源。智慧教室则可以通过智能化的教学设备和工具，实现个性化教学和互动式学习，提高教学效果和学生的学习体验。

第二，教学支持和资源共享。智慧教育环境可以提供更加完善的教学支持和资源共享服务。教师可以通过数字化校园和智慧教室等平台，获取丰富的教学资源、课件、案例等素材，同时也可以与其他教师进行交流和分享，促进教学水平的提高。此外，智慧教育环境还可以支持在线测试、在线讨论等功能，方便教师开展多样化的教学活动。

第三，智能化的教学管理和评估。智慧教育环境可以支持智能化的教学管理和评估。通过数字化校园和智慧教室等平台，教师可以实现对学生学习情况的跟踪和管理，及时掌握学生的学习情况和需求。同时，通过对学生的学习数据进行分析和处理，教师可以对教学效果进行评估和反馈，及时调整教学策略和方法，提高教学质量。

## 七、建立科学激励机制

建立科学的激励机制是激发教师提升智慧教学能力的关键。学校需要设立专项奖励表彰优秀教师；提供晋升机会和职业发展规划；提供培训和进修机会；提供良好的工作环境和福利待遇以及科学的反馈机制等方面的支持和激励措施。通过这些措施的实施，可以激发教师提升智慧教学能力的积极性

和创造力，提高学校的教学质量和水平。

第一，设立专项奖励。学校可以设立专项奖励，表彰在智慧教学方面取得突出成绩的教师。这些奖励可以是校级、市级、省级或国家级等不同级别的奖项，以表彰教师对智慧教学做出的杰出贡献。这种激励机制可以激励教师积极探索和实践智慧教学方法，提高他们的教学水平和能力。

第二，提供晋升机会和职业发展规划。学校可以提供晋升机会和职业发展规划，为教师提供更多的发展机会和空间。通过设立明确的晋升通道和职业发展规划，教师可以明确自己的职业目标和发展方向，从而有动力不断提升自己的教学能力和专业素养。

第三，提供培训和进修机会。学校可以为教师提供培训和进修机会，帮助他们不断提升智慧教学能力。这些培训和进修可以包括专业课程、教学研讨会、学术会议等，以帮助教师学习新的教学理念和方法，掌握新的教学技能和工具。

第四，提供良好的工作环境和福利待遇。学校可以提供良好的工作环境和福利待遇，以吸引和留住优秀的教师。这包括提供良好的办公条件、教学设备、福利待遇等，让教师在一个舒适和稳定的环境中开展教学工作，提高他们的教学积极性和创造力。

第五，建立科学的反馈机制。学校可以建立科学的反馈机制，及时给予教师指导和反馈，帮助他们不断提高智慧教学能力。这包括定期开展教师评估、学生评教、同行评价等活动，让教师了解自己的教学水平和不足之处，从而有针对性地改进和提高。

# 第四节 信息化环境下的终身教育

## 一、终身教育的提出与发展

终身教育的提出可以追溯到英国的耶克斯利，他在1929年出版了世界上第一本终身教育专著《终身教育》。然而，终身教育的发展可以追溯到联合国教科文组织终身教育部部长E.捷尔比提出的"终身教育应该是学校教育和学校毕业以后教育及训练的统和"。这一概念被保罗·朗格朗在1965年的国际成人教育会议上进一步发展和完善，他提出了"终身教育思想"，并将其概念化和体系化。

1972年，埃德加·富尔等人在《学会生存：教育世界的今天和明天》的报告中提出了"终身教育"这一术语，并强调"把终身教育作为发达国家和发展中国家在21世纪实行的教育思想和原则"。20世纪90年代，终身教育在全球范围内迅速发展，各个国家将其作为制定教育政策的主导思想，终身教育思潮盛行至今。

终身教育的发展对于个体和社会具有深远的影响。对于个体来说，终身教育可以帮助人们不断更新知识和技能，提高职业竞争力，实现自我价值。对于社会来说，终身教育可以促进社会公平和可持续发展，提高整个社会的文化水平和创新能力。

随着科技的发展和社会的变迁，终身教育的形式和内容也在不断变化和丰富。现代的终身教育包括学校教育、家庭教育、社会教育等多种形式，涉及各个领域的知识和技能。同时，随着互联网的发展，线上学习、远程教育等新型教育形式也逐渐融入终身教育的体系中。

20世纪70年代末，终身教育思想开始在我国传播。随着时间的推移，人们对终身教育的认识逐渐深化，政策实践也逐步推进。

在20世纪70、80年代，终身教育只是偶尔出现在个别学者的研究中，并没有进行大范围的研究。直到1993年，我国教育政策文本《中国教育改革和发展纲要》中首次出现终身教育的相关表述。1999年，国务院转批了教育部的《面向21世纪教育振兴行动计划》，提出到2010年基本建立起终身学习体系的目标。这是我国的教育政策文本中首次提出构建终身学习体系的目标。

进入21世纪以后，随着我国对终身教育认识的深化以及政策实践的进展，作为全面推进终身教育的升华，党和国家提出了建设学习型社会的战略目标和任务。2002年，党的十六大报告中第一次提出"形成全民学习、终身学习的学习型社会，促进人的全面发展"的战略目标。2007年，党的十七大继续强调了构建终身教育体系和建设学习型社会的战略任务。

在政策实践方面，我国正在构建正规教育与非正规教育、普通教育与职业教育、职前教育与职后教育纵向衔接横向贯通的终身学习体系，让教育覆盖人的整个生命周期，真正实现终身教育。同时，政府也采取了一系列措施来推进终身教育的发展，如建设学习型社会、推广数字化教育资源、支持在职人员继续学习等。

总的来说，终身教育在我国已经得到了广泛的关注和重视，并在政策实践中取得了一定的进展。未来，随着人们对终身教育认识的不断深化和政策实践的进一步推进，终身教育将在我国得到更加全面和深入的发展。

## 二、终身教育的信息化背景

随着信息技术的不断发展和普及，终身教育也逐渐融入了信息化的元素，为教育者和学习者提供了更多的选择和便利。

首先，信息技术为终身教育提供了更多的教育方式和手段。传统的课堂教学已经不再是唯一的学习方式，学习者可以通过网络、电视等媒体进行自主学习，而且可以随时随地学习。此外，信息技术还提供了更多的学习资源，包括数字化的图书、音频、视频、软件等，使得学习者可以更加方便地获取所需的知识和技能。

其次，信息技术为终身教育提供了更好的技术支持。例如，电子音像技术、卫星电视、广播技术、多媒体计算机技术、人工智能、网络通信技术、仿真技术和虚拟显示技术等，都为终身教育提供了更加生动、形象、直观的教育方式。此外，信息技术还可以帮助教育者更好地管理和评估教学质量，提高教育效率。

再次，信息技术为终身教育提供了更多的学习选择和机会。例如，网络教育、在线课程、远程教育等新型教育方式为学习者提供了更多的学习选择，使得他们可以根据自己的时间和地点进行学习。此外，信息技术还可以帮助学习者更好地规划和管理自己的学习进度和目标。

最后，信息技术还可以促进终身教育的普及和推广。通过信息技术的广泛应用，可以将优质的教育资源传递给更多的人，促进教育的公平和普及。此外，信息技术还可以帮助学习者更好地交流和互动，促进知识的共享和传播。

总之，终身教育的信息化背景为其发展提供了更多的机遇和手段，但同时也带来了新的挑战和问题。教育者和学习者需要不断适应和掌握信息技术的发展和应用，以提高教育质量和效率。

## 三、终身教育的基本特征

概括来说，终身教育的基本特征主要包括以下几方面（图3-7）。

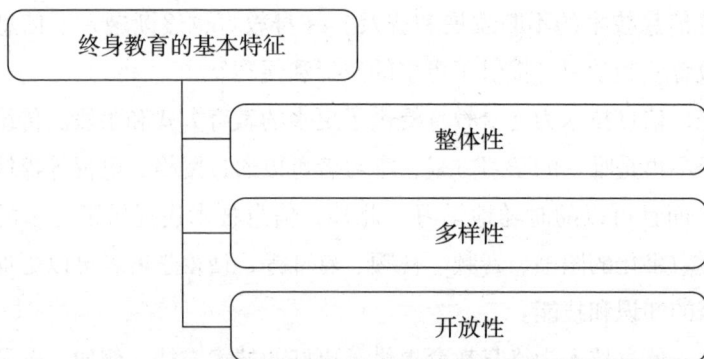

图3-7　终身教育的基本特征

## （一）整体性

终身教育的整体性特征体现在教育内容、教育形式和方法以及教育制度等各个方面，这些方面的有机协调和相互配合使得终身教育能够实现其最大的功效。

首先，终身教育的内容必须是整体性的，以促进个体在道德、智力、身体和美学等各个方面的全面发展。这种整体性的教育内容设计可以帮助学生获得更广泛的知识和技能，培养其综合素质和能力。同时，通过文理渗透的教育方式，学生可以更好地理解和应用不同学科的知识，激发其创新思维和跨学科思考的能力。这种教育模式还可以帮助学生培养终身学习的习惯和能力，适应不断变化的社会和经济环境，实现个人的持续发展。

其次，终身教育注重各种教育形式和方法的综合和结合，以提供更加灵活、多样、完整和有效的教育体系。这样可以满足不同人群的不同学习需求。

最后，终身教育在制度上也是整体性的，它不仅贯通了各级各类教育，保证了教育的连续性和一贯性，而且整合了各种教育活动和学习机会，构建了全方位的学习网络，使人们在生命周期的不同阶段都能获得各式各样的教育活动和学习机会。

## （二）多样性

终身教育具有多样性的特征，主要表现在以下几个方面。

1. 教育对象多样化

终身教育的对象不仅包括学生，还包括社会各个阶层和群体的人。这体现了终身教育的全民性和广泛性，旨在让每个人都能够接受教育，实现教育的公平和普及。

2. 教育形式多样化

终身教育采用多种形式的教育方式，包括正规教育、非正规教育和非正式教育等。例如，学校教育、家庭教育、社区教育、网络教育等都是终身教育的形式。这些不同的教育形式可以满足不同人的学习需求和特点，提供更

加灵活和多样化的学习方式。

3. 教育内容多样化

终身教育的内容涵盖了各个领域和学科，包括文化、科技、艺术、体育等各个方面。这种多样化的教育内容可以满足人们不同的兴趣和需求，同时也有助于培养人的综合素质和能力。

4. 教育途径多样化

终身教育的途径也是多样化的，人们可以通过各种渠道接受教育。例如，人们可以通过读书、看报、上网等途径进行自我学习，也可以通过参加培训课程、学术研讨会、文化沙龙等活动接受集体学习。

## （三）开放性

终身教育体系的开放性是其重要特征之一，这种开放性使得终身教育体系成为一个有机、动态、开放的系统，具有很强的适应性和包容性，能够满足不同人群在不同阶段的学习需求和发展需求。这主要体现在以下几个方面。

1. 教育资源的开放性

终身教育体系打破了传统教育的封闭性，将各种教育资源向社会公众开放，使得人们可以在不同的阶段、不同的地点、不同的方式接受教育。这种开放性使得更多的人可以获得教育机会，提高了教育的普及率和公平性。

2. 教育过程的开放性

终身教育体系强调教育的过程是一个开放性的过程，每个人可以根据自己的需求和兴趣选择适合自己的学习内容和方式。这种开放性使得学习更加灵活、多样化和个性化，满足了不同人的学习需求。

3. 教育评价的开放性

终身教育体系采用开放性的教育评价方式，重视对学习过程和学习成果的综合性评价，不仅关注知识掌握情况，还关注能力、态度、情感等多方面的发展。这种开放性评价方式有利于促进学生的全面发展，提高教育质量。

4. 教育机构的开放性

终身教育体系中的教育机构具有开放性，各种类型的教育机构都可以参与其中，如学校、社区、企业、家庭等。这种开放性使得各种教育机构可以相互协作，发挥各自的优势，共同推动终身教育事业的发展。

# 第四章　信息化时代的教学资源

　　信息化时代的教学资源具有多样性和丰富性，能够为教师和学生提供更加全面、便捷的教学服务，促进教育教学的发展和进步。本章即对信息化时代教学资源的相关内容进行简要研究。

# 第一节 数字化教学资源的内涵

## 一、数字化教学资源的概念

数字化教学资源是指经过数字化处理，可以在计算机或网络上运用的教学资源。利用数字化教学资源的学生可以不受时空和传递呈现方式的限制，通过多种设备，使用各种学习平台获得高质量课程相关信息，可以实现随意的信息传送、接收、共享、组织和储存。

## 二、数字化教学资源的特点

数字化教学资源的特点主要包括以下几方面（图4-1）。

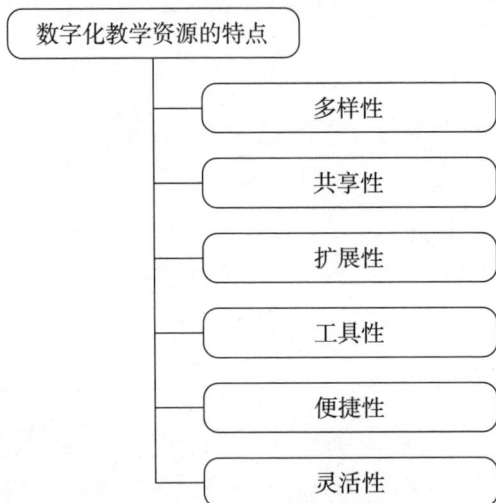

```
数字化教学资源的特点
                    ┌── 多样性
                    ├── 共享性
                    ├── 扩展性
                    ├── 工具性
                    ├── 便捷性
                    └── 灵活性
```

图4-1 数字化教学资源的特点

## （一）多样性

数字化教学资源以电子数据的形式存在，可以通过各种媒体形式呈现，包括文本、图像、声音、动画和视频等。

文本是一种基本的媒体形式，可以提供详细的解释和说明，帮助学生理解概念和理论。图像可以直观地展示概念、流程和现象，帮助学生更好地理解和记忆。声音可以提供语音解释和指导，帮助学生更好地理解课程内容。动画可以模拟复杂的流程和动态过程，帮助学生更好地理解复杂的概念和过程。视频可以提供实时的、真实的场景和事件，帮助学生更好地理解课程内容，并增强其学习兴趣和动力。这些媒体形式可以单独使用，也可以组合使用，以提供更加丰富和生动的教学内容。

## （二）共享性

利用电子读物或网络课程实现的资源共享传播面比普通信息资源共享的传播面要大得多。

电子读物，如电子书、电子期刊等，可以通过互联网进行广泛的传播和分享。这些电子读物通常包含了大量的文本、图像、声音、动画和视频等媒体形式的内容，可以提供更加丰富和生动的学习体验。通过网络课程，人们可以方便地分享和传播高质量的教学内容，使得更多的人可以获得优质的教育资源。

相比之下，普通的信息资源共享通常只能通过传统的渠道进行传播，如纸质书籍、报纸、杂志等，其传播范围和受众群体相对较小。因此，利用电子读物和网络课程实现的资源共享具有更大的覆盖面和影响力，可以更好地满足人们的学习需求。

同时，数字化教学资源的共享还可以促进教育公平和普及。通过互联网和数字化技术，人们可以跨越地域和时空的限制，随时随地获取所需的学习资源。这使得更多的人可以获得高质量的教育资源，提高其自身素质和能力，进一步推动社会的发展和进步。

### （三）扩展性

数字化教学资源的扩展性主要表现在可操作性和可再生性。可再生性是指数字化教学资源具有可持续使用的价值，不仅可以满足当前的教学需求，还可以适应未来的发展需要。

可操作性是指数字化教学资源具有可修改、可扩展、可定制等特性，可以根据实际需求进行修改和定制，以满足不同的教学需求。这种可操作性使得数字化教学资源具有更大的灵活性和适应性，可以更好地支持学生的创造力和创新思维的发展。

### （四）工具性

数字化教学资源是一种具有工具性的学习资源，可以辅助教师进行教学，同时也可以帮助学生更好地学习和理解知识。

数字化教学资源作为一种现代化的教学工具，可以为教师提供更加便捷、高效的教学手段和教学资源。例如，数字化教学资源可以提供多媒体课件、教学视频、模拟实验等多种形式的教学内容，帮助教师更好地呈现知识点和技能点，提高教学效果。同时，数字化教学资源还可以为教师提供更加准确、及时的学习反馈和评估，帮助教师更好地了解学生的学习情况和需求，及时调整教学策略。

对于学生来说，数字化教学资源可以为其提供更加个性化、自主化的学习方式。学生可以根据自己的学习需求和兴趣选择适合自己的学习资源，自主安排学习进度和方式。同时，数字化教学资源还可以为学生提供更加丰富、多样化的学习内容，包括文本、图形、图像、音频、动画和视频等多种媒体形式的内容，帮助学生更好地理解和掌握知识。

### （五）便捷性

数字化教学资源通常以电子数据的形式存在，可以通过互联网进行广泛的传播和分享。学生可以通过电脑、手机、平板等设备随时随地访问数字化教学资源，不受时间和地点的限制。同时，数字化教学资源也具有多样化的传递呈现方式，包括文本、图形、图像、声音、动画和视频等多种形式，可以满足学生的不同学习需求和兴趣。

数字化教学资源可以实现随意的信息传送、接收、共享、组织和储存。学生可以通过网络平台进行在线学习、讨论和协作，实现信息的实时传递和共享。同时，数字化教学资源也可以方便地进行存储和备份，保障学生的学习数据和信息安全。

## （六）灵活性

数字化教学资源具有灵活性的特点，它可以适应不同的学习需求和教学情境。数字化教学资源可以在任何时间、任何地点进行访问和学习，不受时间和地点的限制，因此学生可以根据自己的学习进度和需求，灵活地安排学习时间和地点。

数字化教学还为学生提供了更多的合作学习机会和社交互动。学生可以通过在线讨论、互动问答、协作学习等方式与同学和老师进行交流和合作。这种学习方式不仅可以增强学生的学习效果和能力，还可以培养学生的团队合作和社交能力。

# 第二节　数字化教学资源的开发与利用

## 一、数字化教学资源的开发

### （一）数字化教学资源开发的原则

数字化教学资源开发的原则主要包括以下几方面（图4-2）。

```
┌─────────────────────────────┐
│    数字化教学资源开发的原则       │
└─────────────────────────────┘
        │
        │    ┌─────────────────────────────┐
        ├────│         科学性原则            │
        │    └─────────────────────────────┘
        │    ┌─────────────────────────────┐
        ├────│         目的性原则            │
        │    └─────────────────────────────┘
        │    ┌─────────────────────────────┐
        ├────│         技术性原则            │
        │    └─────────────────────────────┘
        │    ┌─────────────────────────────┐
        ├────│         艺术性原则            │
        │    └─────────────────────────────┘
        │    ┌─────────────────────────────┐
        └────│         创新性原则            │
             └─────────────────────────────┘
```

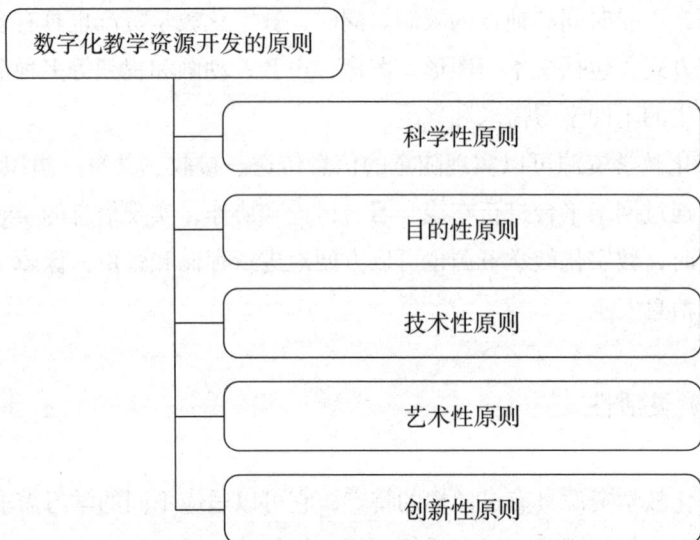

图4-2　数字化教学资源开发的原则

1. 科学性原则

科学性原则主要体现在以下几个方面。

（1）选用恰当的、具有典型性和真实性的教学资源素材

在开发数字化教学资源时，应该选用恰当的、具有典型性和真实性的教学资源素材。这些素材能够准确地反映教学内容的本质和特点，并能够引起学生的兴趣和注意力。例如，在开发科学类数字化教学资源时，可以选择一些真实的科学实验视频、科技演示动画等素材，这些素材可以帮助学生更好地理解科学原理和概念。

（2）内容科学、表述准确、术语规范

数字化教学资源的核心是内容，因此，在开发数字化教学资源时，应该保证内容科学、表述准确、术语规范。这要求开发者对学科知识有深入的了解和研究，并能够用准确、简明、清晰的语言表述教学内容。同时，在选择术语时，应该选用规范的、准确的术语，避免使用模糊不清或歧义的词汇。

（3）内容呈现的结构符合学习认知规律，表现方式简洁合理

数字化教学资源应该根据学习者的认知规律和学习特点，合理安排教学

内容的呈现结构和表现方式。例如，在呈现科学实验步骤时，可以采用图文并茂的方式，将实验步骤分解为多个小步骤，并配以相应的图片和文字说明，帮助学生更好地理解和掌握实验技能。

（4）操作准确无误、规范

数字化教学资源应该具有操作简便、快捷、准确无误的特点，这要求开发者在开发过程中注重用户体验和操作流程的设计。例如，在开发一款在线学习平台时，应该保证用户可以方便地注册、登录、浏览、下载学习资源，同时也要保证用户的数据安全和隐私保护。

2.目的性原则

在开发教学资源时，应该注重科学选题、选材适当、逻辑层次清楚、重点突出、难点突破、符合学习者认知水平和特点、遵循学习者认知规律、教学策略合理等方面，以实现教学资源的目的性和针对性。同时，应该注重教学资源的创新性和实践性，使其能够适应时代的发展和变化，满足学习者的实际需求和学习体验。为保证教学资源的目的性，应做到以下几点。

（1）科学选题，明确教学对象和目标

在开发教学资源时，应该选择适合的教学内容，并明确教学对象和教学目标。这要求开发者对学科知识有深入的了解和研究，并能够根据不同年龄段、学科领域、学习目标等因素，选择合适的教学内容和教学策略。同时，应该注重教学资源的实用性和针对性，使其能够满足学习者的实际需求。

（2）教学内容选材适当，逻辑层次清楚，突出重点，突破难点

在选择教学资源的内容时，应该选材适当，逻辑层次清楚，突出重点，突破难点。这要求开发者对教学内容进行合理的组织和编排，使其符合学习者的认知特点和认知规律。同时，应该注重教学资源的系统性和完整性，使其能够全面地呈现学科知识和技能。

（3）教学内容符合学习者的认知水平和特点，遵循学习者的认知规律

在教学资源的内容呈现上，应该符合学习者的认知水平和特点，遵循学习者的认知规律。这要求开发者根据学习者的年龄、学科背景、学习经验等因素，选择合适的教学方法和表现方式，将教学内容以简洁、直观、易懂的方式呈现出来。同时，应该注重教学资源的趣味性和互动性，使其能够引起学习者的兴趣和参与度。

（4）教学策略合理，有助于支持多种学习模式

在教学资源的开发中，应该注重教学策略的选择和设计，使其有助于支持多种学习模式（如自主学习、协作学习、探究式学习等）。这要求开发者根据不同的教学目标和教学内容，选择合适的教学策略和教学方法，如案例式教学、问题式教学、项目式学习等，以激发学习者的学习兴趣和动力，提高学习效果和学习质量。

3. 技术性原则

教学资源的技术性原则主要是指运用合理的技术实现必要交互，保障素材指标达标、程序安全稳定。贯彻技术性原则要求做到以下几点。

（1）媒体选用恰当，设计必要的交互

在教学资源开发中，应该根据不同的教学内容和教学目标，选择合适的媒体形式和交互方式。例如，对于一些需要展示实物或动态过程的内容，可以选择视频或动画的形式；对于一些需要展示数据或图表的内容，可以选择图表或数据的形式。同时，应该设计必要的交互环节，引导学生主动思考和探索知识。例如，可以设计一些交互式的问题、测试、游戏等环节，以激发学生的学习兴趣和参与度。

（2）教学资源图像清晰，音视频清晰，色彩逼真，技术指标可衡量

教学资源的图像、音频、视频等技术指标应该达到一定的标准和质量要求。这要求开发者在采集和处理教学资源时，应该注重技术指标的测量和评估，以保证教学资源的清晰度、真实度和可用性。同时，应该注重教学资源的色彩还原度和整体效果的设计，以保障学习者的视觉体验和学习效果。

（3）使用设备、器材符合相关技术要求

在教学资源开发中，应该使用符合相关技术要求的设备、器材和开发软件，以保证教学资源的性能和质量。同时，应该注重教学资源的测试和评估，保障教学资源运行稳定、可靠、安全。

（4）教学资源开发的操作过程科学规范

在教学资源开发中，应该注重操作过程的设计和规范，保证每个环节的合理性和有效性。例如，在制作教学资源时，应该遵循相关的制作标准和流程，保证教学资源的规范性和一致性；在测试和评估教学资源时，应该采用科学的方法和技术手段，保证测试结果的准确性和可靠性。

4.艺术性原则

为了贯彻艺术性原则，需要做到以下几点。

（1）构图合理，色彩协调，风格统一，符合审美要求

教学资源应该具有优美的视觉效果，符合美学原则。在构图方面，应该注重画面布局、元素排列、空间分配等，使画面看起来舒适、自然；在色彩方面，应该注重色彩搭配、色彩对比、色彩情感等，使画面色彩协调、明快、悦目；在风格方面，应该注重整体风格的一致性，使教学资源看起来统一、和谐。同时，应该注重教学资源的审美要求，使其符合学习者的审美观念和审美习惯。

（2）语言简洁、生动，文字清晰，版式规范

教学资源的语言应该简洁、生动，能够吸引学习者的注意力。在文字方面，应该使用清晰易读的字体和字号，使文字易于阅读和理解；在版式方面，应该注重版面布局、文字排版、图片处理等，使版面看起来整洁、美观。同时，应该注重教学资源的规范性，使其符合相关的标准和技术要求。

（3）视像、动画形象生动，声画同步，感染力强

教学资源应该具有生动的视像和动画效果，能够引起学习者的兴趣和注意。视像和动画应该根据教学内容和目标进行设计，注重形象生动、创意新颖、视觉效果良好；声画同步应该注重音效和画面的协调一致，提高教学资源的观赏性和感染力。

5.创新性原则

教学资源的创新性表现在以下几个方面。

（1）立意新颖

教学资源应该具有独特的主题和新颖的构思，能够引起学习者的兴趣和好奇心。开发者应该注重从新的角度和思路去挖掘教学内容，提出具有创新性的教学方案和设计理念。

（2）构思独特

教学资源应该具有独特的表现方式和教学策略，能够打破传统的思维模式和教育方式。开发者应该注重从不同的角度和层面去思考和设计教学资源，使其具有独特的个性和表现力。

（3）设计巧妙

教学资源应该具有巧妙的设计和合理的结构，能够让学习者在愉悦的氛围中获取知识和技能。开发者应该注重从教学的角度出发，考虑如何通过巧妙的设计提高学习效果和学习质量。

（4）具有想象力和个性表现力

教学资源应该具有想象力和个性表现力，能够展现出独特的教学风格和个人魅力。开发者应该注重从学习者的角度出发，考虑如何通过想象力和个性表现力吸引学习者的注意力。

（5）运用新技术并使用得当

开发者应该注重运用新的技术手段和工具，并将其融入教学资源的开发中。同时，应该注重使用新技术的方式和方法，使其能够发挥最大的优势和效果，同时避免出现技术上的问题和难点。

## （二）数字化教学资源开发的步骤

数字化教学资源开发的步骤如图4-3所示。

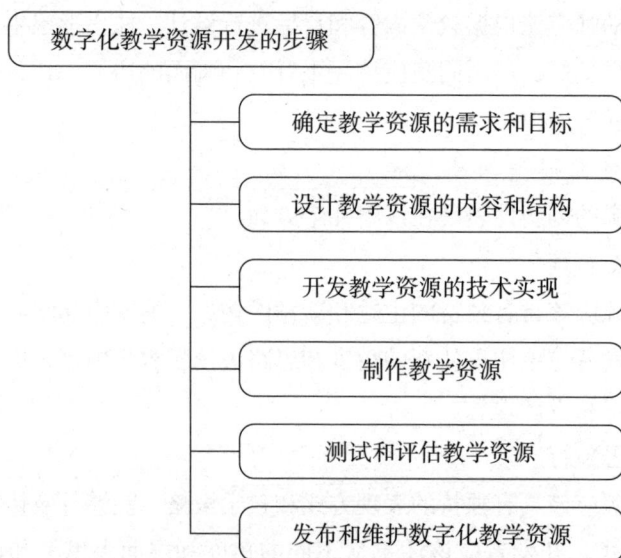

图4-3　数字化教学资源开发的步骤

1.确定教学资源的需求和目标

在开发数字化教学资源前，需要明确教学资源的需求和目标。这包括确定教学资源的应用对象、教学内容、教学目标等。

2.设计教学资源的内容和结构

根据教学目标和对象，设计教学资源的内容和结构。这包括选择合适的教学资源类型、设计教学资源的表现形式、安排教学资源的学习流程等。

3.开发教学资源的技术实现

根据设计好的内容结构和表现形式，选择合适的技术手段进行数字化教学资源的开发。这包括数字化处理技术、多媒体制作技术、网络编程技术等。

4.制作教学资源

根据设计和技术实现的结果，制作数字化教学资源。这包括编写脚本、采集素材、制作动画、录制音频等。

5.测试和评估教学资源

制作完成后，需要对数字化教学资源进行测试和评估。这包括功能测试、性能测试、用户体验测试等，以确保数字化教学资源的质量和可用性。

6.发布和维护数字化教学资源

测试和评估通过后，将数字化教学资源发布到指定的平台或网络中。同时，还需要对数字化教学资源进行维护和更新，以保证其时效性和可用性。

## （三）数字化教学资源开发的注意事项

在数字化教学资源开发过程中，需要注意以下几点（图4-4）。

```
┌─────────────────────────────────┐
│ 数字化教学资源开发的注意事项        │
└─────────────────────────────────┘
      │
      │  ┌─────────────────────────────────┐
      ├──│ 重视教学资源的多样性和交互性        │
      │  └─────────────────────────────────┘
      │  ┌─────────────────────────────────┐
      ├──│ 保证教学资源的准确性和可靠性        │
      │  └─────────────────────────────────┘
      │  ┌─────────────────────────────────┐
      ├──│ 注重教学资源的共享性和扩展性        │
      │  └─────────────────────────────────┘
      │  ┌─────────────────────────────────┐
      ├──│ 考虑教学资源的工具性和可定制性      │
      │  └─────────────────────────────────┘
      │  ┌─────────────────────────────────┐
      └──│ 加强教学资源的用户体验和可用性      │
         └─────────────────────────────────┘
```

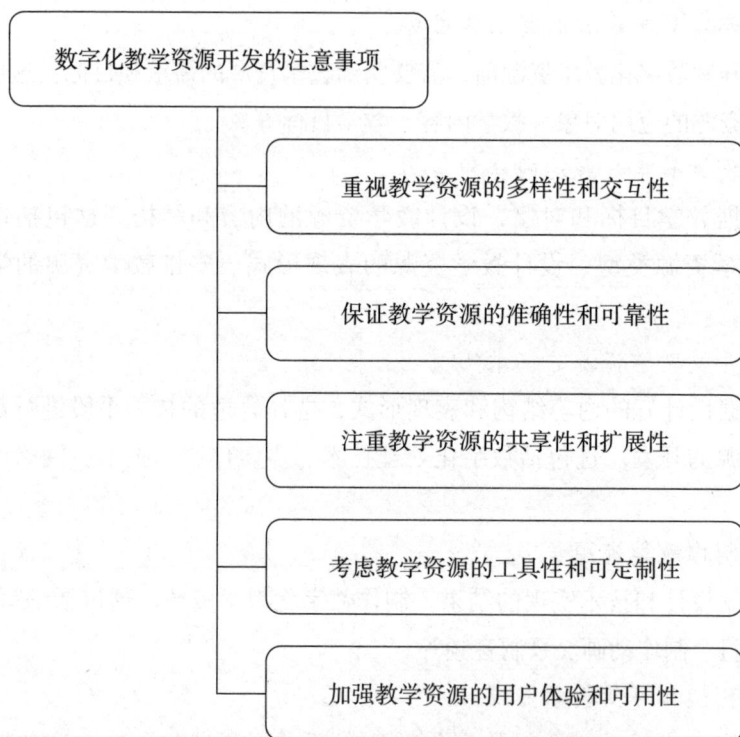

图4-4　数字化教学资源开发的注意事项

1.重视教学资源的多样性和交互性

数字化教学资源应该具有多样性和交互性，能够吸引学生的兴趣和参与度。同时，要注重设计教学资源的交互环节，引导学生主动思考和探索知识。

2.保证教学资源的准确性和可靠性

数字化教学资源应该具有准确性和可靠性，能够为学生提供正确的知识和信息。同时，要注意更新和维护数字化教学资源，以保证其时效性和可用性。

3.注重教学资源的共享性和扩展性

数字化教学资源应该具有共享性和扩展性，能够方便地进行传播和共享。同时，要注重设计教学资源的扩展性，能够适应新的教学需求和技术环境。

4.考虑教学资源的工具性和可定制性

数字化教学资源应该具有工具性和可定制性，能够满足不同学生的学习需求和兴趣。同时，要注重设计教学资源的工具性，能够支持学生的自主学习和探究学习。

5.加强教学资源的用户体验和可用性

数字化教学资源应该具有较好的用户体验和可用性，能够方便地使用和学习。同时，要注重优化教学资源的界面和操作流程，提高学生的学习效率和学习体验。

## 二、数字化教学资源的利用

数字化教学资源的利用在当今的教育领域已经变得非常普遍，它为教师提供了丰富的教学手段和资源，同时也为学生提供了更高效、更灵活的学习方式。数字化教学资源的利用包括以下几个方面。

### （一）数字化教材和课程资源

这些资源通常包括电子教材、多媒体课件、在线课程、网络课程等。这些资源可以通过互联网或移动设备进行访问，方便学生在任何时间、任何地点进行学习。同时，数字化教材和课程资源还可以实现个性化学习，根据学生的学习进度和兴趣进行定制。

### （二）数字化模拟实验和互动教学

数字化模拟实验和互动教学可以让学生在虚拟环境中进行实验和操作，如在计算机上模拟化学反应、物理实验等。这些数字化实验工具可以帮助学生更好地理解科学原理和实验方法，同时也可以提高学生的学习兴趣和积极性。

### （三）数字化评估和反馈系统

数字化评估和反馈系统可以对学生的表现进行实时评估和反馈，如在线测试、问卷调查等。这些工具可以帮助教师更好地了解学生的学习进度和需求，同时也可以帮助学生更好地了解自己的学习状况和需要改进的地方。

### （四）数字化管理和协作工具

数字化管理和协作工具可以帮助学生和教师更好地管理学习资源和工作流程，如在线文件共享、在线协作等。这些工具可以帮助教师和学生更高效地进行协作和管理，提高教学和学习效率。

在利用数字化教学资源时，需要注意以下几点。

第一，数字化教学资源的选择要紧密结合教学内容和教学目标，要能够突出教学的重点和难点。

第二，数字化教学资源的设计要注重启发式教学，要能够引导学生主动思考和探索。

第三，数字化教学资源的利用要注重高效性，要能够在短时间内呈现大量的教学内容。

第四，数字化教学资源的使用需要教师和学生具备一定的信息技术素养和能力，如计算机操作能力、网络搜索能力等。

总之，数字化教学资源的利用是现代教育发展的重要趋势，它可以提高教学的效率和效果，促进学生的自主学习和个性化学习。但同时也需要注重其合理利用和设计，以保证其在教学中的有效性。

# 第三节 数字图像资源的获取与编辑

## 一、数字图像的获取

### （一）扫描仪扫描

扫描仪是一种将模拟图像转换为数字图像的设备。它通过将图像放置在扫描仪的感光元件上，然后使用光学系统对图像进行扫描和采样，从而获取图像的数字表示。

在扫描过程中，扫描仪会根据图像的密度、亮度和色彩等信息，将模拟图像转换为数字数据，并将其存储在计算机中。这些数字图像可以在计算机上进行处理、编辑、保存或传输，非常方便。

需要注意的是，扫描仪的质量和性能会直接影响数字图像的质量和分辨率。因此，在选择和使用扫描仪时，需要根据自己的需求和预算选择合适的型号和品牌，以确保获得高质量的数字图像。

### （二）利用绘图软件

Windows的PaintBrush、Painter和Photoshop都是非常流行的图像处理软件，它们提供了丰富的绘图和图像处理工具，可以满足各种不同的需求。

此外，Office和WPS等办公软件中也提供了绘图工具，这些工具可以用来生成一些简单的图形，如流程图、组织结构图等。这些图形可以满足一些基本的CAI（计算机辅助教学）制作需求。

### （三）网上下载

可以从网上下载数字图像。数字图像通常以电子文件的形式存储和传

输，因此可以从网上下载到本地计算机或移动设备中。

在下载数字图像时，需要注意版权和使用限制。一些数字图像可能受到版权保护，需要遵守相应的版权法规。此外，一些网站可能需要付费才能下载数字图像。

为了合法地下载和使用数字图像，建议遵守以下原则。

第一，了解图像的版权信息和使用限制。在使用图像之前，先查看图像的版权声明或使用条款，以确保自己有合法的使用权限。

第二，如果需要下载图像，请确保已经获得版权持有人的授权或许可。这可以通过购买授权、申请许可证或与版权持有人联系等方式获得。

第三，不要使用受版权保护的图像进行非法或侵权的活动。例如，不要将他人的作品作为自己的原创作品使用或传播。

第四，如果要使用下载的数字图像，请确保遵守相关的使用条款和版权法规。这可能包括署名、禁止商业用途、不得进行修改或分发等要求。

## （四）截取屏幕图像

截取屏幕图像保存为数字图像的方法有多种，以下是其中几种常见的方法。

方法一：使用键盘上的Print Screen键

按下Print Screen键，此时整个屏幕的图像将被复制到剪贴板中。

打开一个图像编辑工具，如Microsoft Paint。

在图像编辑工具中，按下Ctrl + V，或者在菜单中选择"编辑">"粘贴"，以将截图从剪贴板粘贴到画布上。

在图像编辑工具中，可以进行必要的编辑，然后选择"文件">"另存为"来保存截图。在保存对话框中，选择桌面作为保存位置，输入文件名，然后选择保存。

方法二：使用Windows 10中的"截图"工具

按下Windows键 + Shift + S组合键，此时会出现一个截图工具面板。

在截图工具面板中，可以选择要截取的区域（全屏、窗口、自定义区域等）。

选择完成后，点击"保存"按钮，将截图保存到剪贴板或文件中。

在保存对话框中，选择桌面作为保存位置，输入文件名，然后选择保存。

方法三：使用第三方截图工具

除了上述两种方法外，还可以使用第三方截图工具来截取屏幕图像。例如Snagit、ShareX等工具都可以实现截图功能，并支持将截图保存为数字图像。具体使用方法可以参考相关软件的使用手册或帮助文档。

需要注意的是，不同的操作系统和软件版本可能会有一些差异，具体操作可以参考相关系统的帮助文档或软件的使用手册。

## （五）用数码相机拍摄

数码相机的工作原理是通过镜头收集光线，将其聚焦在感光元件上，感光元件根据光线的强弱转换成相应的电信号。这些电信号再被转换成数字信号，并存储在数码相机的存储器中。

数码相机具有数字化存储模式，可以将看到的景物、现象转化为数字信号，直接输入计算机中。这些数字信号可以被计算机进行处理、编辑和分享。与传统的胶片相机相比，数码相机具有更高的图像质量、更方便的存储和传输方式以及更易于编辑和处理的特点。

## （六）用电视机、摄像机捕获

电视机和摄像机可以通过视频采集卡与计算机相连，实现视频信号的数字化转换和存储。

视频采集卡是一种用于将模拟信号转换为数字信号的计算机硬件设备，它可以将摄像机或电视机的视频信号转换为计算机能接收的数字信号。这种卡通常与计算机的PCI插槽相连，通过专用的软件可以对视频信号进行实时采集、编辑和处理。

除了视频采集卡外，还可以使用其他数字化设备如USB摄像头、HDMI适配器等将视频信号传输到计算机中。这些设备也可以将模拟信号转换为数

字信号，但使用视频采集卡可以更稳定地传输和处理高质量的视频信号。

## 二、数字图像的编辑处理

具体来说，数字图像的编辑处理包括以下几个方面。

### （一）图像调整

图像调整主要是对图像的色彩、亮度、对比度等属性进行修改，以改善图像的质量和清晰度。例如，通过调整色彩平衡、对比度、亮度等参数，可以使图像更加生动、鲜明。

### （二）图像裁剪

图像裁剪是从原始图像中剪切出感兴趣的区域，以便进行进一步的处理。这种技术常用于去除图像中的冗余部分，或将图像的重要部分凸显出来。

### （三）图像修描

图像修描是对图像进行细化或美化的处理。例如，可以使用修描技术对图像进行平滑处理，去除噪声和细节，或者增强图像的边缘和轮廓。

### （四）图像合成

图像合成是将多个图像拼接在一起，生成一个新的图像。这种技术常用于制作全景照片、拼图等。在合成过程中，需要注意图像的匹配和融合，以避免出现明显的接缝和失真。

（五）艺术处理

艺术处理是对数字图像进行创意性的处理，以产生独特的效果和风格。例如，可以使用艺术处理技术对图像进行模糊、锐化、滤镜等处理，或者将多个图像叠加在一起，生成一种新的艺术效果。

# 第四节　数字视频资源的获取与编辑

## 一、数字视频资源的获取

### （一）网上获取

目前网络上有很多视频资源，可以通过各种下载软件来下载。迅雷、BT、eMule、快播等下载软件都是比较常用的，它们可以下载各种格式的视频文件。此外，还可以使用FLV视频下载软件从在线视频网站（如土豆、优酷、爱奇艺、腾讯等）上下载FLV格式的视频。

使用FLV视频下载软件可以很方便地下载FLV格式的视频，这些软件通常会提供一些实用的功能，如自动抓取视频链接、批量下载、合并下载文件等。同时，这些软件也通常会支持多种浏览器和网站，包括国内的一些主流浏览器和视频网站。

不过需要注意的是，下载和使用视频资源应遵循相关法律法规和知识产权法规，确保合法合规。

（二）自己录制

通过自己录制，可以获得真实、生动、个性化的视频素材，并且可以根据自己的需求和目的进行录制。自己录制视频素材有很多优点。

首先，可以获得真实、生动的视频素材，这些素材可以来自自己的身边、工作场所、生活场景等，非常具有实用性和针对性。

其次，可以根据自己的需求和目的进行录制，如录制自己的演讲、教学视频、操作演示等，非常方便和灵活。

最后，还可以通过后期制作和编辑，提高视频的质量和效果，使其更加符合自己的需求和目的。

当然，自己录制视频素材也需要一些技巧和注意事项。

首先，需要选择合适的录制设备和环境，如使用高质量的麦克风和摄像头，选择安静、明亮、清晰的录制环境等。

其次，需要注意录制过程中的一些细节和技巧，如保持稳定的画面和声音、避免过多的背景噪声等。

最后，还需要进行后期的制作和编辑，如剪辑、添加字幕、调整音频等，以提高视频的质量和效果。

## 二、数字视频资源的编辑——以TechSmith Camtasia2018为例

TechSmith Camtasia2018的视频编辑工作流程如下。

（一）导入视频

在媒体箱中导入需要编辑的视频。

## （二）添加至时间轴

将导入的视频直接拖动至时间轴的轨道上。

## （三）拆分

将时间轴光标移动到适当位置，暂停播放视频，接着点击时间轴左上角的"拆分"按钮，就可将整段视频从光标位置拆分开来。

## （四）复制

选中某段视频，点击时间轴左上角的"复制"按钮，就可以将该段视频复制。

## （五）剪切

选中某段视频，点击时间轴左上角的"剪切"按钮，可将该视频剪切至剪贴板。

## （六）粘贴

利用帧条位置+粘贴按钮进行粘贴将待粘贴视频放置在精准的位置。

## （七）导出视频

视频编辑完成后点击界面右上角的"分享"按钮，然后选择"导出至本地"，接着就可以选择导出视频的规格并耐心等待导出完成。

# 第五节　数字音频资源的获取与编辑

## 一、声音素材的获取

### （一）购买声音素材库

购买声音素材库是一种非常直接和方便地获取大量的音乐和效果声的方法。这种方法通常包括购买预先录制和编辑好的音频文件。这些文件通常由专业的音频制作公司或个人创建，并经过专业的处理和编辑。

通过购买声音素材库，可以获得各种类型的音乐和效果声，如环境音、背景音乐、特效音等。这些声音素材可以满足在各种场合和用途中的需求，如电影制作、广告制作、游戏开发等。

购买声音素材库的优点是方便快捷，可以在短时间内获得大量的高质量音频文件，而无需花费大量的时间和精力去自己录制和编辑。此外，这些音频文件通常是由专业的音频制作人员创建和处理的，因此它们的质量通常比自己录制的效果更好，更具有专业性和可靠性。

然而，购买声音素材库也有一些缺点。首先，这些音频文件通常是预先录制好的，因此无法根据自己的需要进行定制和修改。其次，这些音频文件需要支付一定的费用才能使用它们。最后，由于版权和授权问题，可能需要遵守一定的使用限制和规定，如不得将它们用于商业目的等。

### （二）现有音频格式转化

使用软件进行声音文件格式的转换是一种非常常见的方法。例如GoldWave、Adobe Audition就是很实用的音频格式转换工具。

这种软件通常可以将声音文件从一种格式转换为另一种格式，如从MP3转换为WAV，从AAC转换为FLAC等。使用这种软件可以快速、方便地将声音文件转换为所需的格式，以满足不同的需求和用途。

此外，这种软件通常还具有其他一些功能，如音频剪辑、音频提取、音频合并等，可以更好地处理和编辑声音文件。

需要注意的是，在进行声音文件格式转换时，需要选择合适的软件和转换设置，以确保转换后的声音文件的质量和兼容性。此外，还需要遵守相关的版权和授权规定，不得将转换后的声音文件用于非法目的或侵犯他人的权益。

（三）网上下载

随着互联网技术的飞速发展，我们可以在网上找到各种各样的音频资源，包括音乐和效果声。确实，很多网站都会提供音乐和声音文件的下载链接，我们只需要直接点击这个链接，就可以下载音频资源。

然而，有些网站可能不直接提供下载链接，这时候我们就可以使用一些专门的下载软件，如迅雷、FlashGet等来下载这些音频资源。这些下载软件可以自动识别并下载网站上的音频文件，即使没有直接的下载链接，也可以方便地获取到所需的音频资源。

需要注意的是，无论是直接下载还是使用下载软件，我们都应当尊重版权，遵守相关法律法规，不要下载和使用未经授权的音频资源，以避免侵犯他人的权益。

（四）自行录音

使用计算机录音是一种非常方便和实用的获取声音素材的方法。自行录音的步骤包括设备连接、设置录音属性、选定录音的通道、录音及保存。

首先，需要准备一个麦克风和一根音频线，将麦克风连接到计算机的音频输入端口。然后，打开录音软件（如Windows自带的录音机或者第三方录音软件），将录音设备设置为麦克风，并调整录音属性，如采样频率、量化位数等。接下来，您可以选择录音的通道，即选择用麦克风录制声音。最后，开始录音并保存录制的音频文件。

在录制过程中，需要注意一些技巧和注意事项。

首先，需要保持安静，避免周围的噪声干扰录制效果。

其次，需要注意录音的音量和音质，如果音量过大或者过小，会影响录音的效果。

最后，需要选择合适的保存格式和质量，以确保录音的质量和兼容性。

## 二、声音文件的编辑

### （一）Windows操作系统提供的"录音机"程序

获取声音素材后根据需要进行编辑。有很多声音编辑软件可以帮助我们进行这项工作，其中Windows操作系统提供的"录音机"程序就是一个简单但实用的工具。

以下是一些使用Windows录音机程序编辑声音文件的简单方法。

1. 打开录音机程序

在Windows开始菜单中搜索"录音机"，或者在Windows资源管理器中打开"我的电脑"，找到"录音机"程序并打开。

2. 导入声音文件

在录音机程序中，点击"文件"菜单，选择"打开"，然后浏览到需要编辑的声音文件并选择它。接着，点击"打开"按钮，就可以将声音文件导入到录音机程序中。

3. 声音剪辑

在录音机程序的时间轴上，找到需要剪辑的位置，然后拖动鼠标选定需要剪辑的区域。点击工具栏中的剪刀图标，就可以将选定的区域剪切下来。如果需要删除不需要的部分，也可以直接点击选中并按下键盘上的删除键。

4. 音量调整

点击工具栏中的音量图标，可以调整选定区域的音量大小。通过拖动音

量滑块或者直接输入音量大小的值，可以调整音量的高低。

5.保存声音文件

完成声音编辑后，点击"文件"菜单，选择"保存"，然后输入新的文件名和保存的位置，就可以保存编辑后的声音文件了。

需要注意的是，Windows录音机程序的功能相对简单，如果需要进行更复杂的音频编辑和处理，可能需要使用更专业的音频编辑软件，如GoldWave、Adobe Audition、Cool Edit等。

## （二）GoldWave

GoldWave是一个功能强大的数字音频编辑软件，由Chris Craig先生于1997年开始开发的。

功能：可以对音乐进行播放、录制、编辑、转换格式等处理，以及音乐后期合成、多媒体音效制作、视频声音处理。

1.GoldWave的界面构成

GoldWave的窗口是一个标准的Windows应用程序窗口，含有标题栏、菜单栏、工具栏、状态栏等窗口元素。GoldWave是一个多文档应用程序，可以同时打开多个音频文件，每一个音频文件占用一个文件窗口。

在一个文件窗口中，分上下两个窗格，下面的窗格显示整个文件的波形图，上面用来显示被放大、编辑部分的波形。

如果所打开的文件是单声道文件，则上下都只有一个波形显示；如果打开的是双声道(立体声)文件，则两个窗格中都显示有两个波形，分别为左右声道的波形。

2.GoldWave常用的文件操作

（1）新建文件

单击"新建"工具(也可以从菜单中选择，后面的操作也是这样，不再重复)，可以创建一个新的波形音频文件。

这时，将自动弹出一个"新建声音"对话框，在其中可以设置新文件的声道数、采样频率和初始时间长度等。

新文件的内容可以通过录音、波形段的粘贴得到。

（2）打开文件

GoldWave可以打开和编辑多种格式的音频文件。

支持：WAV、MP3、VOC、AU、AVI、MPEG、MOV、RAW等格式

单击工具"打开"，弹出打开"打开声音文件"对话框后，选择文件格式、选择文件的路径和文件名后，单击"打开"按钮即可。

（3）保存文件

保存正在编辑的当前文件单击"保存"工具即可。

如果另存为其他文件，可从"文件"菜单中选择"另存为"命令，在"另存声音为"对话框中设置保存文件的音质、文件类型、文件路径、文件名后，单击"保存"按钮后完成。

3.GoldWave波形段的选定

为了对声音编辑，需要选定要编辑的波形段，然后再进行裁剪、复制、移动等处理。

在声音文件窗口中，分上下两个窗格。上部窗格则显示放大的波形图，下部窗格显示文件的整体波形图。

对于一个新打开的声音文件，上下窗格的内容一样的，但是随着编辑过程的展开，上下窗格的内容就不同了。

（1）选区的设置

选定波形段在上下两个窗格中都可以进行，一般地，对于大区段的选择可在整体波形窗格中进行，而小区段或者细微波形的选择可在放大波形窗格中完成。

选择的设置操作主要包括：起始标记的设置、结束标记的设置、选区起止位置的调整。

（2）声道的选定

对于双声道的立体音频，可以通过该菜单进行左声道、右声道、双声道三者之间的切换。

4.GoldWave声音回放

在音频编辑的过程中，经常要回放一下声音以测试编辑效果。声音回放主要通过播放控制器面板实现：全部回放、选区回放、从任意位置回放、从回放光标位置回放。

5.使用GoldWave的进行音频处理

音频编辑的目的是将声音素材根据需要进行剪辑、处理等操作，在剪辑的过程中可以利用剪贴板操作来完成。

（1）剪切、复制和移动

在具体操作中注意以下几点：

第一，对于双声道的波形文件，如果只选中了一个声道，则剪切时只切选定声道的音频，后面的音频向前移动，这可能会引起两个声道不一致的情况。

第二，对于复制或者剪切到剪贴板上的音频片段，向文件中粘贴时，以选区的起始位置为插入点，粘贴后插入点后的原音频自动向后推移，并且自动以新粘贴的音频为选定波形段。

第三，当打开多个不同的音频文件时，可以在不同的文件之间复制、移动、裁剪等操作。

当单声道的音频片段粘贴到双声道的文件(该文件的两个声道都被选定)中时，两个声道都换成相同的单声道音频。

当双声道的音频片段粘贴到单声道文件中时，将会丢失立体声效果。

当双声道的目的文件只选定一个声道时，被粘贴的是双声道音频时，只粘贴目的文件选定声道的音频，另一声道的音频不粘贴。

（2）消除噪声

在多数情况下，噪声将在波形图中表现为异常的波形。

为了消除这样的噪声，可以在波形图中修改这些异常的波形，从而达到消除噪声的目的。

（3）淡入和淡出

淡入即音量从低(一般是音量从0开始)到高逐渐增加，直到音量的大小正常为止，一般用在音频文件的起始位置，以防止音量突然增加给人的生硬感。

淡出是指将音量从正常大小逐渐减小，直到最低或者声音消失，一般用在音频播放将要停止时。

（4）更改音量

更改音量即把选区的音量增大或者减小。可通过混音工具完成，也可以选择菜单"效果">"音量">"更改音量"实现。

（5）替换

使用剪贴板上的音频片段代替目的文件中被选定的波形段。

操作时，首先将替换的新内容放到剪贴板上，然后选定被替换的音频区段，单击工具栏的"替换"按钮，或者选择菜单"编辑"＞"替换"即可。

（6）混音

将剪贴板上的音频片段与目的文件中被选定区段的音频混合成一个音频。

例如，希望将一段背景音乐和一段解说录音合成到一起，形成带有背景音乐的解说，就可以通过GoldWave的混音功能实现。

在混音前先将需要加入的音频处理好，再将它复制到剪贴板上，在目的文件中选定被混音的波形区段，然后单击工具栏的"混音"按钮，或者选择菜单"编辑"＞"混音"，打开"混音"对话框，设置混音的起始位置（默认起始位置是选区的起始位置）和音量，最后单击"确定"按钮。

# 第五章　信息化时代的教学过程

　　在信息化时代的教学过程中，教师需要不断地学习和掌握新的教学理念和方法，熟悉并掌握各种信息技术工具和平台的使用方法，以更好地适应信息化教育的发展趋势。同时，教师还需要注重培养学生的信息素养和创新能力，帮助学生更好地利用信息技术进行学习和交流。

# 第一节　教学过程的本质及其规律

## 一、教学过程的内涵

### （一）教学过程的含义

教学过程是教师根据一定社会的需要和学生身心发展的特点，通过一定的教学条件和手段，指导学生认识课程和客观世界的过程。这个过程的目的在于使学生掌握知识和技能，培养他们的实际能力，提高他们的综合素质，以适应社会发展的需要。

### （二）教学过程的特点

概括来说，教学过程的特点主要有以下几个（图5-1）。

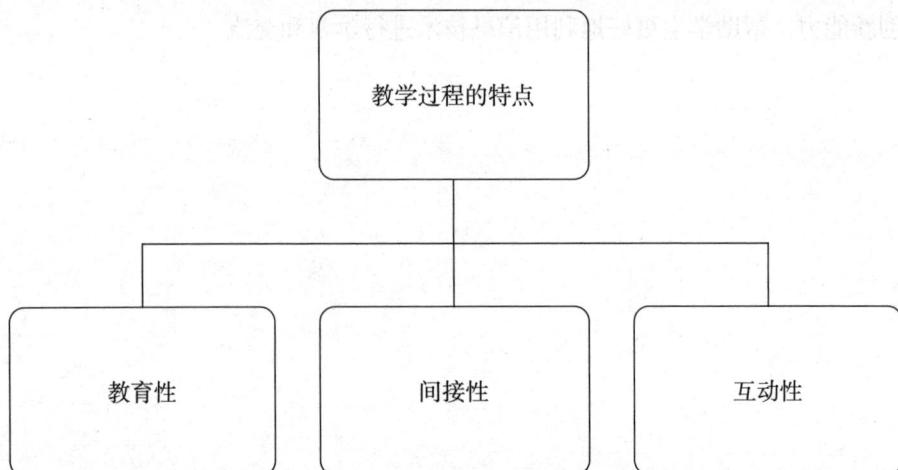

图5-1　教学过程的特点

### 1.教育性

教育性是指在教学过程中,教师通过有目的、有计划地引导学生掌握文化科学知识和基本技能,不仅关注学生的知识技能学习,还注重学生的情感、态度、价值观的培养,以及学生的全面发展。

### 2.间接性

教学过程的间接性是指在教学过程中,学生主要通过学习教材和教师的讲授来获取知识,而不是通过直接经验来获取。具体来说,教师可以采用多种教学方法和手段来帮助学生获得直接经验,如实验、观察、实习、见习等。这些方法可以让学生通过亲身实践来获得感性经验,并加深对书本知识的理解。同时,教师还可以通过引导学生进行社会实践、开展课外活动等方式来增强学生的实践能力,从而更好地实现教学过程的间接性和直接性的结合。

### 3.互动性

教学过程是教师和学生的一种互动过程。教师的教和学生的学是这个过程的两个主要方面,它们是相互依存、相互促进的。教师的教是引导学生学习知识、技能和思考问题的方式,而学生的学则是通过积极参与课堂活动、思考问题、完成任务等方式来掌握知识和技能。

教师需要根据学生的实际情况和需求,灵活地调整教学策略和方法,以帮助学生更好地理解和掌握知识。同时,学生也需要积极参与课堂活动,发挥自己的主动性和创造性,与教师和其他学生进行交流和互动。

此外,教学过程的互动性还体现在教师与学生在教学过程中的信息交流和反馈上。教师需要关注学生的学习进展和反馈,及时调整教学策略和方法,以保证教学过程的针对性和有效性。同时,学生也需要及时向教师反馈自己的学习情况和问题,以便教师能够提供更好的指导和支持。

## (三)教学过程的功能

教学过程的功能主要包括以下几种(图5-2)。

```
┌─────────────────────────────┐
│        教学过程的功能          │
└──────┬──────────────────────┘
       │
       │   ┌──────────────────────────────┐
       ├───│      帮助学生形成基本技能        │
       │   └──────────────────────────────┘
       │
       │   ┌──────────────────────────────┐
       ├───│       引导学生探索知识          │
       │   └──────────────────────────────┘
       │
       │   ┌──────────────────────────────┐
       ├───│      培养学生的智慧和能力        │
       │   └──────────────────────────────┘
       │
       │   ┌──────────────────────────────┐
       └───│      发展学生的情感和态度        │
           └──────────────────────────────┘
```

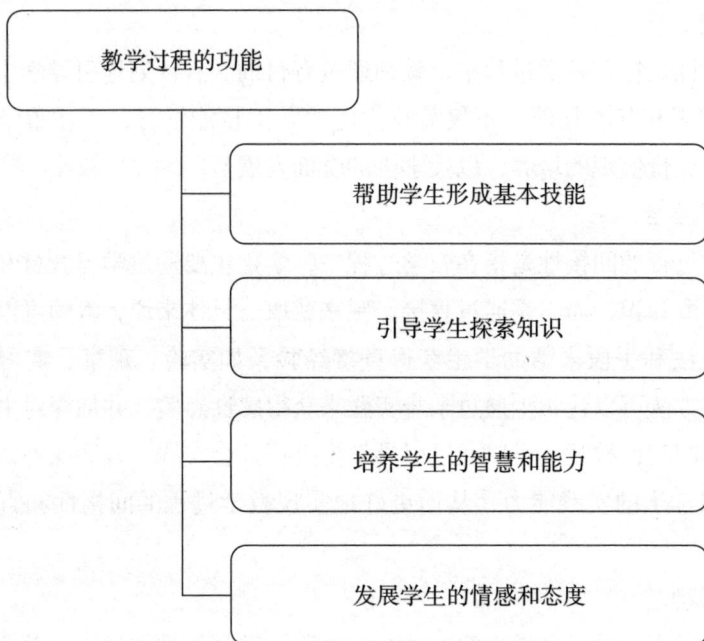

图5-2　教学过程的功能

### 1.帮助学生形成基本技能

教学过程首先需要帮助学生掌握基础知识，这是学习技能和进一步深化理解的基础。例如，在数学教学中，学生需要先掌握基本的数学概念、公式和算法，然后才能进行计算、解决数学问题和培养数学思维等技能。

同时，教学过程中的技能培养也非常重要。基本技能的掌握不仅有助于学生更好地应用所学知识，还可以帮助他们更好地理解和探索世界。例如，通过学习科学实验的方法和技巧，学生可以运用这些技能进行实验操作，探究自然现象和解决实际问题。

另外，教学过程中的基本技能掌握也有助于学生加深对知识的理解。通过实践操作和运用所学知识解决实际问题，学生可以更深入地理解知识的本质和应用价值。这种互动和关联的学习方式可以帮助学生更好地记忆知识、掌握技能和提高解决问题的能力。

### 2.引导学生探索知识

与其他传授知识的活动相比，教学过程更有利于引导学生探索知识、理解和掌握知识。通过专业的教师、互动的过程和良好的学习环境等要素的共同作用，教学过程可以帮助学生更好地掌握知识、提高能力，并培养出全面发展的人才。

首先，教学过程是由专业的教师来设计和实施的。教师通常具有深厚的学科知识和教学经验，能够根据学生的认知特点和兴趣爱好，采用多种教学方法和手段，引导学生逐步掌握知识。教师还可以通过启发式教学、探究式教学等方式，激发学生的学习兴趣和好奇心，培养他们的自主学习能力和问题解决能力。

其次，教学过程是一个互动的过程。教师和学生之间、学生和学生之间会进行交流和互动，这种互动可以促进学生对知识的理解和掌握。通过提问、讨论、合作等方式，学生可以主动参与教学过程中，与教师和其他学生进行交流和讨论，从而更好地理解和掌握知识。

最后，教学过程通常是在学校等教育机构中进行的。这些机构为学生提供了一个良好的学习环境和资源，包括图书馆、实验室、教学设备等。这些资源和环境可以帮助学生更好地探索知识、实践技能，进而提高他们对知识的理解和掌握能力。

3.培养学生的智慧和能力

智慧和能力可以合称为"智能"。智能的发展是可以通过教学来实现的。教师可以通过科学的教学方法和手段，引导学生掌握知识、技能和思维方式，提高他们的智慧水平。

在教育过程中，教师和学生都应该注重智能的培养和发展。教师需要采用科学的教学方法和手段，激发学生的学习兴趣和好奇心。学生则需要积极参与学习过程，发挥自己的主观能动性，培养自己的智慧和能力。

总之，智能是人们认识世界和改造世界的基础，也是人们适应和完成各种任务所必需的心理能力。教学过程是培养和发展学生智能的重要途径，教师和学生都应该注重智能的培养和发展，以实现教育的目的和价值。

4.发展学生的情感和态度

情感和态度是构成个体理解和应对周围世界的重要心理成分，它们对学生的学习动力、学习效果以及未来的发展都有深远的影响。情感包括喜怒哀乐、兴趣、价值观等主观体验，而态度则是对事物或观念的看法和倾向性。

在教学过程中，发展学生的情感和态度具有以下重要的作用。

（1）提升学习动力

积极的情感和态度可以激发学生的学习热情和动力，使他们更愿意主动参与学习，面对挑战，并克服困难。

（2）增强学习效果

情感和态度影响学生对信息的感知、理解和记忆。积极的情感和态度有助于学生更好地理解和掌握知识，提高学习效果。

（3）培养社会适应能力

教学过程中，学生与教师、同学之间的互动可以培养学生的合作精神、沟通能力、责任感等社会适应能力。

（4）促进人格发展

通过情感和态度的培养，可以帮助学生形成积极向上的人格特质，如乐观、自信、自律等，这对他们未来的生活和职业发展都至关重要。

为了实现这一功能，教师需要在教学中注重学生的情感和态度发展，创造一个积极、支持和鼓励的学习环境。这包括建立良好的师生关系，提供真实且有意义的情境经验，鼓励学生的自我表达和积极参与，以及及时、恰当的反馈与指导。

## 二、教学过程的本质

当前，关于教学过程本质的认识还未形成一致观点，其中较为主要的观点有以下几个。

### （一）特殊认识说

特殊认识说认为教学过程从本质上来说是一种认识的过程，但其具有一定的特殊性。强调了教学过程中学生的认识是在教师的引导下间接地掌握人类长期积累的科学文化知识来实现的。这个过程具有一定的简洁性，因为学生可以快速地掌握人类长期总结出来的知识。但每个学生都有不同的学习方式和兴趣爱好，而特殊认识说没有提供足够的灵活性和多样性来满足这些需求。

此外，特殊认识说也难以解释一些现代教学方法和技术的运用。例如，合作学习、探究学习等教学方法可以激发学生的学习兴趣和主动性，提高学生的创造力和合作能力。这些教学方法和技术与特殊认识说的观点不完全一致。

### （二）认识—实践说

"认识—实践说"强调了学生在教学过程中的主体作用，学生在教学过程中不是被动地接受知识，而应该主动地参与进来。同时，"认识—实践说"也强调了教师的主导作用。教师不再是单纯的知识传授者，而是学生学习的引导者和启发者。教师需要帮助学生掌握正确的学习方法和思维方式。

此外，"认识—实践说"还强调了人的全部心理活动在教学过程中的重要性。学生的认知系统和情感系统是相互关联、相互影响的，只有两个系统同时参与，才能完成教学任务。因此，教师在教学过程中需要注意学生的情感和意志方面的培养，帮助学生形成健康的人格和良好的学习习惯。

### （三）认识—发展说

"认识—发展说"认为，在教学过程中，学生通过与教师的互动和自己的思考和实践，不断探索和发现新的知识，并形成自己的认知结构和思维方式，这是一个认识过程。同时，这个过程也是学生各方面得到发展的过程，包括智能的发展、世界观和道德品质的形成以及个性的全面发展等。

## 三、教学过程的规律

教学过程的规律是指在教学过程中，教师、学生、教学内容、教学方法、教学反馈等要素之间相互作用、相互依存、相互制约的内在联系和客观要求。具体来说，教学过程的规律主要包括以下几点（图5-3）。

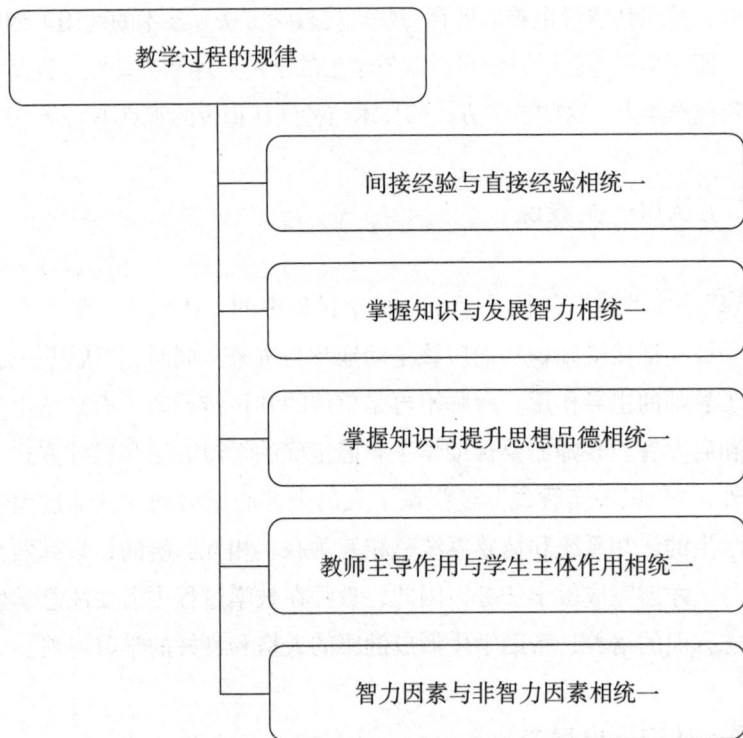

图5-3　教学过程的规律

## （一）间接经验与直接经验相统一

间接经验指的是通过学习他人的认识成果来获取知识。这主要指的是人类历史经验的积累和传承，通过书籍、教材、多媒体等媒介进行传递。间接经验的学习可以帮助学生快速掌握人类长期积累的基本文化知识和技能，提高认知效率，避免重复前人的错误。

直接经验则是指学生通过亲身参与实践活动，直接获取感性认识。这种经验通常是在实际操作、实验、观察、调查等活动中获得的。直接经验的学习可以帮助学生将所学知识应用到实际情境中，增强实践能力和创新能力，同时也可以激发学生的学习兴趣和主动性。

在教学过程中，间接经验和直接经验是相互联系、相互促进的。教师需要将间接经验和直接经验相结合，既要注重系统知识的传授，也要注重学生的实践操作和感性认识的培养。这样才能帮助学生全面发展，提高教学质量和效果。

## （二）掌握知识与发展智力相统一

知识是经过人类长时间积累和总结出来的，是对于客观世界规律和人类经验的总结。通过学习知识，人们可以快速地获取前人的经验和智慧，掌握基本的文化知识和技能。

智力是一种心理特征，是人类认识世界和解决问题的关键能力。在教学过程中，学生掌握知识和发展智力是有机统一的。一方面，学生需要学习大量的知识，掌握基本的概念、原理和技能，这是进一步发展智力的基础。另一方面，通过发展智力，学生可以更好地理解和应用所学知识，促进知识的掌握和应用。因此，在教学过程中，教师需要注重知识传授和智力发展的统一，帮助学生既掌握基本的知识和技能，又发展智力，实现全面素质的发展。

## （三）掌握知识与提升思想品德相统一

在掌握知识与发展能力的过程中，学生不仅需要学习基本的知识和技能，还需要培养自己的思想觉悟和道德品质。这些品质包括爱国主义、集体主义、社会责任感、职业道德等，都是学生成为未来社会有用之才所必须具备的。

同时，在教学活动中，教师也需要注重引导学生形成正确的意识形态、文化观念和伦理道德。教师可以通过自己的言行举止、教学材料、教学方法等方面，向学生传递正确的价值观和文化观念。这样不仅可以帮助学生更好地掌握知识，还可以提高他们的思想觉悟和道德水平。

## （四）教师主导作用与学生主体作用相统一

首先，教师作为教学过程的设计者、实施者和引导者，具有非常关键的作用。教师需要根据教学内容、学生特点和学习目标，制订合理的教学计划，选择适当的教学方法，组织并引导学生的学习活动。同时，教师还需要关注学生的学习进程，及时调整教学策略，解决学生在学习过程中遇到的问题，激发学生的积极性和主动性。

其次，学生是教学过程的主体，具有主观能动性。学生是知识的接受者、建构者和创造者。学生在教学过程设计中扮演着重要角色，他们的学习态度、方法和效果直接影响到教学质量。因此，学生需要积极参与教学过程，发挥自己的主动性、创造性和实践能力，与教师共同完成教学任务。

## （五）智力因素与非智力因素相统一

教学活动既需要师生智力的参与，也需要非智力的情感和动机的参与。学生需要在智力因素如观察、记忆、思维和想象的充分发挥基础上，借助非智力因素如兴趣、动机等来调节自己的学习和认知过程。在智力因素和非智力因素相统一的前提下，才能顺利开展教学过程。

# 第二节　现代教学过程的基本环节和组织形式

## 一、现代教学过程的基本环节

具体来说，现代教学过程的基本环节主要包括以下几个（图5-4）。

```
教学过程的基本环节
    ├── 明确教学目标
    ├── 激发学习动机
    ├── 感知教学内容
    ├── 理解教学内容
    ├── 巩固教学内容
    ├── 运用教学内容
    └── 测评教学效果
```

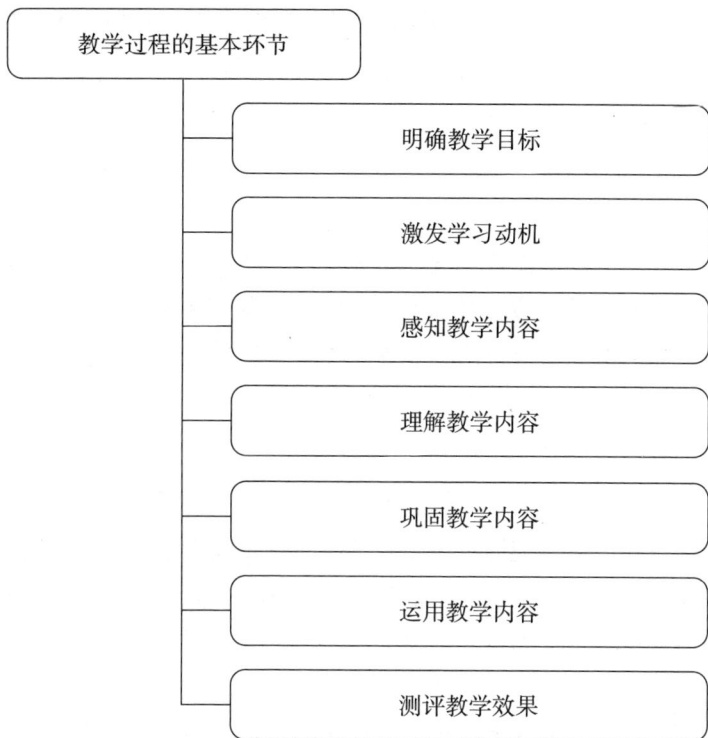

图5-4　教学过程的基本环节

## （一）明确教学目标

教学目标设计是教学过程的第一步，也是至关重要的环节之一。它决定了教学的方向和重点，是教师和学生教与学活动的起点和终点。明确教学目标有助于教师和学生明确教学要求和标准，从而更好地实现教学目的。

在确定教学目标时，教师需要考虑国家课程规划和培养目标，结合教材内容和学生的学习特点进行具体化的设计。教学目标应该明确、具体、可操作性强，能够衡量和评估学生的学习成果。同时，教学目标的设计应该体现素质教育的理念，注重学生的全面发展，培养学生的创新精神和实践能力。

通过明确教学目标，教师可以更有针对性地设计教学环节，选择合适的教学方法、教学策略和教学媒体，从而更好地帮助学生掌握知识和技能。同

时，明确教学目标也有助于教师评估和改进教学质量，针对学生的学习成果进行反思和调整教学策略，以更好地实现教学目标。

## （二）激发学习动机

激发学习动机是现代教学过程的基本环节之一。可以通过提出具有挑战性和吸引力的问题、创设成功机会、合理利用奖励和惩罚、培养学习兴趣、明确学习目标、增强学生自信心等方式来激发学生的学习动机。

## （三）感知教学内容

学生在对知识进行理解时，要以学生的感知和表象为基础，通过多样化的方式呈现材料，创造情境，将抽象知识与直观、生动的事实和形象有机结合起来，帮助学生理解知识。

1. 呈现多样化学习材料

在教学过程中，教师需要提供多样化的材料和实例，帮助学生更好地理解知识。这些材料应该与学生的生活经验或感性知识相关，从而帮助他们建立正确的概念和理解。

2. 创设真实或模拟学习情境

通过创设情境，教师可以帮助学生更好地理解和运用知识。情境可以是真实的或模拟的，可以让学生更好地融入学习过程中，增强他们的学习兴趣和动力。

3. 提供直观的教学符号

利用符号、图形、图表等信息来呈现教学内容。这些直观符号可以帮助学生更好地理解抽象的概念和关系，与物体的直观相结合，可以更好地促进学生的理解。

4. 引导学生知识探究

学生需要学会自己运用感官进行思维，逐步掌握教材。这需要教师在教学过程中给予学生足够的自主权和探索空间，鼓励他们主动思考、发现问题、解决问题。

## （四）理解教学内容

在传统的教学过程中，教师往往只关注知识的传递和灌输，而忽略了学生对教学内容的理解和掌握。然而，现代教学理念强调学生对教学内容的理解和掌握，注重学生的主体性和参与性。

理解教学内容是指学生在教师的指导下，通过对教学内容的感知、理解、巩固和应用等过程，逐步掌握所学知识，并能够将其应用于实际问题的解决中。这个过程是一个认知过程，需要学生积极主动地参与和思考，同时也需要教师提供适当的指导和支持。

为了帮助学生更好地理解教学内容，教师需要注意以下几点。

1. 明确教学目标

教师需要明确教学目标，确定教学内容的重点和难点，以及学生需要掌握的知识点和技能点。

2. 合理呈现教学内容

教师需要将教学内容以适当的方式呈现给学生，如讲解、演示、讨论、练习等。同时，教师需要注意学生的认知特点和兴趣爱好，通过多样化的教学方法去激发学生的学习兴趣。

3. 引导学生思考

在教学过程中，教师需要引导学生思考，启发学生发现问题、解决问题，并鼓励他们积极表达自己的想法和观点。

4. 及时反馈和调整

教师需要及时了解学生的学习情况，给予反馈和指导，同时根据学生的反馈和表现，及时调整教学策略和方法，确保学生能够更好地掌握所学知识。

## （五）巩固教学内容

巩固教学内容是学生学习过程中的重要环节，也是教师教学过程中需要关注的重要方面。巩固教学内容不仅可以帮助学生掌握所学知识，还可以促进他们的后续学习和发展。

在教学过程中，教师可以通过以下方式来巩固教学内容。

1. 提出记忆要求

教师需要给学生提出一定的记忆要求，指导他们如何记忆所学知识。这可以通过课堂提问、家庭作业、考试等方式来实现。同时，教师还可以教授学生一些记忆技巧，如分类记忆、联想记忆等，帮助他们更好地记忆所学知识。

2. 及时复习

及时复习是巩固教学内容的重要手段之一。教师需要在课堂上留出一定的时间进行复习，或者安排一些课后复习作业，帮助学生及时巩固所学知识。同时，教师还可以教授学生一些复习方法，如分散复习、集中复习等，帮助他们更好地进行复习。

3. 练习巩固

教师可以通过布置练习题、练习册等方式来帮助学生进行练习巩固。同时，教师还可以通过组织实践活动、项目式学习等方式，让学生在实际操作中巩固所学知识。

4. 建立知识体系

教师可以通过引导学生建立知识体系，将所学知识进行归纳、分类、整理，帮助他们更好地掌握知识。这可以通过制作概念图、思维导图等方式来实现。

5. 督促自我复习

教师需要督促学生进行自我复习，通过复习可以使掌握的知识更加牢固。同时，教师也可以通过组织学生之间相互讨论等方式促进学生的自我复习和互相学习。

## （六）运用教学内容

在运用知识的过程中，学生可以通过模仿性练习来初步掌握解决问题的技能和技巧。模仿是学习的重要方式之一，通过模仿教师可以帮助学生学会如何运用知识，并逐步提高技能水平。同时，教师还需要引导学生综合运用所学知识，鼓励他们在模仿中进行创新，以应对棘手的问题和突发事件。

此外，知识的运用也可以深化学生对所学知识的理解，使他们能够更为自如地运用知识，做到举一反三。知识的运用和实践是促进技能形成的重要途径，通过不断的实践和反复练习，学生可以掌握更多的技能和技巧，并将其应用于日常生活和社会实践中。

### （七）测评教学效果

在现代教学理论中，教学效果的测评通常包括以下几个方面。

1. 观察学生的表现

教师可以通过观察学生在课堂上的表现，如回答问题、参与讨论、完成作业等情况，来了解学生对知识的掌握程度。

2. 提问和测试

教师可以设置一些问题或测试题，通过学生的回答情况来了解他们对知识的理解程度。

3. 考试评估

定期进行考试，了解学生对知识的掌握情况，以及他们在解决问题和分析问题方面的能力。

4. 学生自我评估

引导学生自我评估，让他们对自己的学习进度和掌握程度有更清晰的认识。

5. 教师反思和总结

根据学生的表现和评估结果，教师需要进行反思和总结，找出教学中存在的问题，并制定相应的改进措施。

通过以上环节，教师可以及时获取关于教学效果的反馈信息，从而调整教学策略和方法。同时，学生也可以通过教学测评，发现自己的不足之处，从而调整学习方法，提高学习效果。因此，测评教学效果是现代教学过程不可或缺的重要环节之一。

## 二、现代教学过程的组织形式

教学过程的组织形式决定了师生之间的相互作用和组合方式，以及时空关系的安排。合理的教学过程组织形式可以有效地提高教学质量，促进学生的学习效果。

### （一）现代教学过程组织形式的类型

现代教学过程的组织形式，就当前来说主要有以下几个（图5-5）。

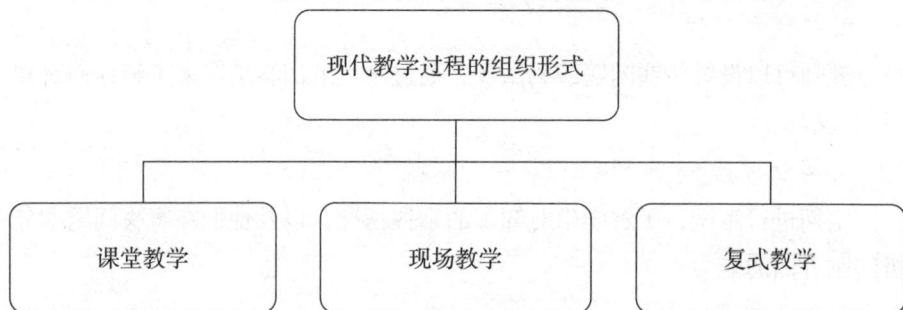

```
        现代教学过程的组织形式
       ┌──────┼──────┐
    课堂教学    现场教学    复式教学
```

图5-5　现代教学过程的组织形式

1. 课堂教学

课堂教学是最基本的教学过程组织形式之一，通常被称为"班级授课制"。在这种教学组织形式中，学生按照年龄、能力、兴趣等因素被分配到不同的班级，由教师按照固定的课程表和教学进度进行授课。

（1）课堂教学的主要特点

课堂教学的主要特点包括以下几方面。

班级固定：每个班级有固定的学生和教师，学生之间相互熟悉，有利于开展集体活动和交流。

课程设置统一：每个班级的课程设置都是统一的，按照教学计划和教材进行授课，有利于保证教学质量和内容的系统性。

课堂教学为主：课堂教学以教师的讲解、演示、示范等为主要教学方式，学生通过听课、练习、讨论等方式进行学习。

注重集体教育：课堂教学注重集体教育，强调学生之间的合作、交流和互相学习。

（2）课堂教学的优点

课堂教学的优点主要包括以下几方面。

提高教学效率：课堂教学可以以较小的班级规模和固定的教学进度进行，使得教师能够更高效地传授知识和技能，同时减少了因个别学生学习进度不同而产生的差异化教学的时间和精力。

普及教育：课堂教学能够将相同的知识和技能传授给大量的学生，有利于提高整个社会的教育水平和知识普及程度。

培养学生的集体荣誉感：在班级授课制中，学生之间相互学习和交流，有利于培养他们的集体荣誉感和合作精神。

（3）课堂教学的缺点

课堂教学的缺点主要包括以下几方面。

①缺乏个性化和差异化教学。课堂教学往往采用统一的教学内容和进度，难以满足不同学生的特殊需求和个体差异，不利于学生的个性化发展和创新能力的培养。

②难以满足学生的特殊需求。有些学生可能因为身体条件、学习风格、兴趣爱好等方面的不同而有特殊的学习需求，课堂教学可能难以满足这些需求。

为了弥补课堂教学的不足，现代教学实践中往往采用多种教学过程组织形式相结合的方式，以实现更好的教学效果。例如，在课堂教学中引入个别化教学和小组合作学习等教学形式，可以更好地满足学生的个性化需求和学习风格差异，促进学生的主动学习和合作精神的培养。

另外，随着现代教育技术的发展，在线学习、自主学习等新的教学过程组织形式也逐渐得到广泛应用。这些形式可以为学生提供更为灵活的学习方式和丰富的学习资源，更好地满足学生的个性化需求和提高教学质量。

2.现场教学

现场教学确实是一种辅助性的教学形式，它旨在通过直接的经验和实

践，让学生更好地理解和掌握知识。这种教学形式通常在社会现实活动中进行，使学生能够将所学知识应用到实际情境中，并从实践中获得必要的直接经验。

现场教学与课堂教学相比，具有一些显著的特点。首先，现场教学更注重实践和应用，学生可以通过亲身实践和体验，深入了解知识的实际应用和现实意义。其次，现场教学的教学环境更加开放和多元，学生可以在更广阔的范围内了解社会、了解自然，从而更好地扩展视野和积累经验。最后，现场教学可以促进学生的主动性和创造性，学生需要在实践中自己动手、自己思考、自己解决问题，从而培养独立思考和解决问题的能力。

在现场教学中，教师需要扮演引导和指导的角色，帮助学生将所学知识应用到实践中，并引导学生通过实践来检验知识的正确性。同时，教师还需要对实践过程进行监督和管理，确保学生的安全和教学的顺利进行。

总之，现场教学是一种具有独特优势的教学形式，它能够通过实践和应用，帮助学生更好地理解和掌握知识。同时，这种教学形式还可以扩展学生的视野、培养学生的独立思考和解决问题的能力。因此，在教育实践中，应该根据实际情况和需要，灵活运用现场教学这一辅助性的教学形式。

3. 复式教学

复式教学是一种特殊的教学组织形式，它把两个或两个以上年级的学生编入一个班级，由一位教师同时教授不同年级的学生。

在复式教学中，教师需要采取不同的教学方法和策略，以适应不同年级学生的需求。同时，教师还需要根据学生的实际情况进行备课和教学，确保每个学生都能够得到有效的教学指导。

## （二）现代教学过程组织形式的选择

教师在选择现代教学过程的组织形式时，应该考虑以下几个方面。

1. 教学的目的、内容和方法

教学的目的、内容和方法的差异会影响到教学过程组织形式的选择。例如，对于一些注重实践操作和技能培养的课程，可能需要采用实践教学形式，而一些注重理论知识和综合素养的课程则可能更适合采用课堂教学形式。

2.教学的任务和学生的需要

教师应该根据教学任务和学生的需要选择最合适的教学过程组织形式。例如，对于一些需要发挥学生主动性和创造性的任务，可能需要采用小组合作、项目探究等组织形式，而一些需要教师讲解和示范的任务则可能更适合采用课堂教学形式。

3.教师和学生的实际情况

教师和学生的实际情况也是选择教学过程组织形式的重要因素。例如，一些教师可能更擅长于使用多媒体技术和网络资源进行教学，而一些学生则可能更喜欢传统的课堂教学方式。因此，在选择教学过程组织形式时，需要考虑到教师和学生的实际情况和需求。

# 第三节 微课教学、慕课教学和翻转课堂

## 一、微课教学

### （一）微课的内涵

微课（Microlecture）是指运用信息技术按照认知规律，呈现碎片化学习内容、过程及扩展素材的结构化数字资源。它通常以视频为主要载体，记录教师在课堂内外教育教学过程中围绕某个知识点（重点难点疑点）或教学环节而开展的精彩教与学活动全过程。

微课具有时间短、内容精练、知识点突出等特点，能够满足学习者随时随地学习的需求，因此在教育领域中得到了广泛应用。同时，微课还可以通过互联网平台进行传播和分享，使得更多的人能够获取优质的教育资源。

### （二）微课教学的内涵

微课教学是一种以视频为主要载体，记录教师围绕某个知识点或教学环节开展的简短、完整的教学活动。

微课教学的基本特点包括以下几方面（图5-6）。

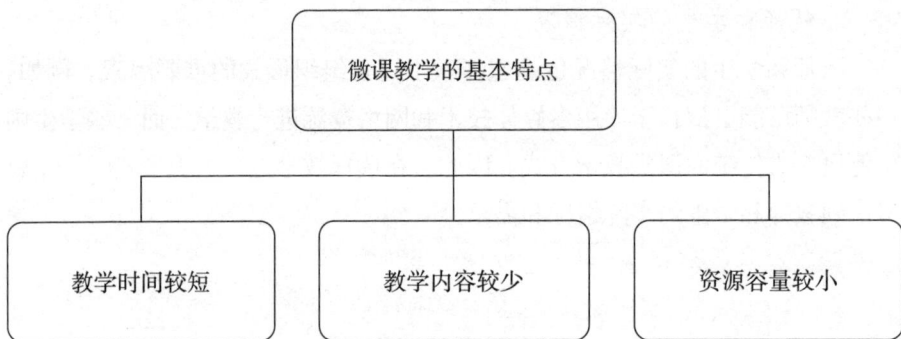

```
        ┌─────────────────────────┐
        │      微课教学的基本特点      │
        └─────────────────────────┘
                     │
   ┌─────────────────┼─────────────────┐
   │                 │                 │
┌──────────┐  ┌──────────┐  ┌──────────┐
│ 教学时间较短 │  │ 教学内容较少 │  │ 资源容量较小 │
└──────────┘  └──────────┘  └──────────┘
```

图5-6　微课教学的基本特点

1. 教学时间较短

根据学生的认知特点和学习规律，微课的时长一般为5~8分钟左右，最长不宜超过20分钟。

2. 教学内容较少

为了突出课堂教学中重点、难点、疑点内容，或是反映课堂中某个教学环节、教学主题，把传统一节课要完成的众多教学内容，分成多段，从中选取一个进行微课教学。

3. 资源容量较小

根据认知负荷理论，学习者在工作记忆中进行加工信息的能力是有限的。微课视频的时长一般控制在5~8分钟，最长不超过10分钟，相对于40~45分钟的常规课堂讲授，微课的学习内容是经过高度浓缩的，因此学习资源容量相对较小。

（三）微课教学的设计

1.微课教学的设计原则

微课教学的设计原则应该以学生为中心，围绕学生的需求和特点进行设计。以下是一些微课教学设计的原则（图5-7）。

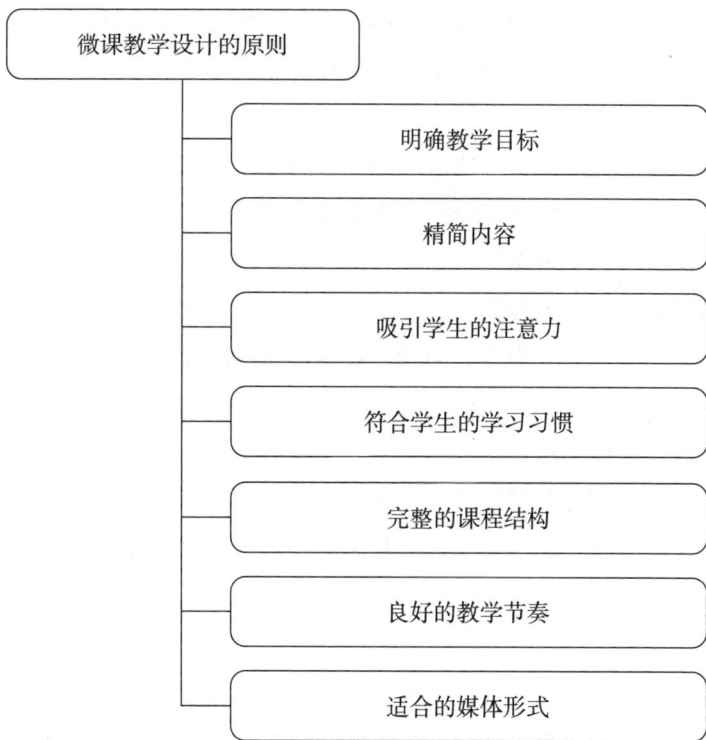

图5-7　微课教学设计的原则

（1）明确教学目标

在微课设计之初，要明确教学目标，确定微课要解决的问题和重点。只有明确教学目标，才能更好地设计微课内容，确保微课的教学效果。

（2）精简内容

微课的时间较短，一般只有5~8分钟，因此需要精简内容，突出重点和难点。同时，要避免过于复杂或过于泛泛的内容，以免影响学生的理解和

记忆。

（3）吸引学生的注意力

微课的教学效果很大程度上取决于学生是否能够集中注意力。因此，在微课设计中，要采用多种教学方法和手段，如生动的语言、丰富的图片、有趣的案例等，以吸引学生的注意力。

（4）符合学生的学习习惯

不同的学生有不同的学习习惯和方式，因此在微课设计中要考虑到学生的学习习惯，尽可能地符合学生的需求和特点。

（5）完整的课程结构

虽然微课时间短，但需要有一个完整的课程结构，包括引入、讲解、演示、总结等环节。这样可以帮助学生更好地理解和掌握知识点。

（6）良好的教学节奏

在微课教学中，教学节奏的把握非常重要。要避免过快或过慢的节奏，以免影响学生的理解和吸收。同时，要保持连贯性和逻辑性，使学生能够更好地理解知识点。

（7）适合的媒体形式

微课可以采用多种媒体形式，如视频、音频、图片等。在选择媒体形式时，需要考虑教学目标、教学内容和学生的需求，选择最适合的形式来呈现知识点。

2.微课教学的设计要点

微课教学设计需要合理设置课程目标和明确教学重难点。这有助于提高微课教学的质量和效果，帮助学生更好地掌握知识和技能。

首先，微课教学设计应合理设置课程目标。课程目标是微课教学的核心和灵魂，它贯穿于整个微课教学的始终。在微课教学设计过程中，教师需要根据课程目标来设计教学内容。同时，还需要根据学生的实际情况和需求，制定出切实可行的课程目标，以帮助学生更好地掌握知识和技能。

其次，微课教学设计应明确教学重难点。在微课教学中，由于时间有限，教学内容需要高度精简和突出重点。因此，教师在教学设计时需要明确教学重难点，并在教学中着重讲解和突破这些重难点。这有助于提高微课教学的针对性和实效性，帮助学生更好地理解和掌握知识点。

## 二、慕课教学

### （一）慕课的内涵

慕课是一种在线教育形式，它不仅提供了免费的课程资源，还具有与传统课程类似的作业评估体系和考核方式。慕课是网络教学形式之一，它的发展可以追溯到十几年前的在线教育系统。然而，慕课在近年来得到了快速发展和广泛关注。

与传统课程相比，慕课具有一些独特的优势。首先，慕课打破了时间和空间的限制，让学习者可以随时随地学习。其次，慕课提供了更加灵活的学习方式，学习者可以根据自己的需求和兴趣选择不同的课程和学习内容。此外，慕课还具有更加丰富的教学资源和学习资源，可以帮助学习者更好地了解和掌握知识。

当然，慕课也存在一些挑战和问题。例如，由于学习者分布在世界各地，学习背景和语言文化存在差异，这给教学和交流带来了一定的困难。此外，由于学习者缺乏面对面的交流和互动，可能会导致学习效果不够理想。

总之，慕课是一种非常有价值的在线教育形式，它不仅可以提供免费的优质教育资源，还可以帮助学习者提高自己的技能和能力。随着技术的不断发展和普及，相信慕课在未来会有更加广泛的应用和发展。

### （二）慕课教学的设计要点

#### 1. 课程长度

研究表明，学生在观看教学视频时，其专注力通常只能维持10～20分钟。因此，在设计慕课课程时，需要考虑到学生的注意力和学习动力。每周授课时数建议在2～3小时之间，每门课程总时数则为15～35小时。将视频内容分成8～12分钟的短单元，每个单元代表一个连贯的概念，这种方法可以帮助学生在学习过程中保持兴趣和集中注意力。

如果在线学习时间过长，可能会导致学习成效下降，学生可能会失去学习兴趣和学习动力。因此，将学习时间分散开来，每次学习时间控制在一定范围内，可以帮助学生更好地掌握知识。这种碎片化的学习方式可能越来越流行，因为现代人的注意力时长越来越短。

总之，慕课课程的设计需要考虑到学生的学习动力和注意力时长。通过合理安排每周授课时数、视频内容长度以及碎片化的学习方式，可以帮助学生更好地掌握知识，提高学习效果。

2.教学视频的制作

（1）制作课程描述页

首先，课程名称、简短的课程描述、课程任务量等基本信息应该清晰明了。这些信息可以帮助学生了解课程的基本情况，从而做出更好的决策。

其次，课程简介、授课教师简介、课程大纲等详细信息应该尽可能地丰富，以帮助学生更好地了解课程。

最后，制作课程宣传片也是非常重要的。一个好的宣传片可以吸引更多的学生注册该课程。

通过精心设计的课程描述页面，慕课平台可以更好地吸引学生的注意力，提高课程的注册量，同时也为学生提供更好的学习体验。

（2）创建会话网站

为了创建高质量的线上课程，教师需要了解并掌握一些课程制作的技术。这样，他们才能更好地利用在线平台，充分了解其作用和局限性，以便更有效地设计和准备课程材料。

第一，熟悉会话网站。教师需要了解会话网站的功能和使用方法，包括如何上传课程材料、设置测验和编程作业，以及如何定制和调整会话网站的结构和内容。他们还需要学会使用各种工具和功能来方便地与学生进行交流和评估。

第二，创建课程知识模块。在创建课程时，教师需要将课程内容划分为不同的知识模块，每个知识模块代表一个概念或主题。他们需要为每个知识模块添加相应的课程材料，如讲座视频、测验等，并设置每个知识模块的上线和下线日期。

第三，设置课程的发布日期和状态。教师需要设定课程的发布日期和状态，以便合理安排课程进度和通知学生。他们可以一次性上传所有课程资源，也可以逐步上传，根据需要灵活调整。

第四，编辑课程材料。在上传课程材料后，教师可能需要对其进行编辑和修改。他们可以修改课程视频讲座、练习或编程作业等内容，但需要注意的是，修改后需要重新上传相应的材料。

此外，教师还需要注意一些其他事项。例如，他们需要确保课程材料的质量和准确性，以便学生能够正确理解和掌握课程内容。同时，教师还需要根据学生的学习特点和需求，合理安排课程内容和进度，并提供适当的指导和支持，以帮助学生更好地学习和发展。

（3）制作课程描述页

在准备好课程材料之后，教师可以按照以下步骤制作课程描述页。

第一，进入课程管理平台。教师需要登录到相应的课程管理平台，如MOOC平台等。

第二，添加课程材料。在课程管理平台上，教师可以添加已经准备好的课程材料，如课程视频、讲座、测验、编程作业等。

第三，填写课程描述页。在课程管理平台上，教师可以编辑课程的基本信息和详细信息，如课程名称、描述、教学目标等，以便学生了解课程的相关信息。

第四，添加简历。教师可以添加自己的简历，包括教育背景、教学经验和相关成就等，以展示自己的专业能力和教学风格。

第五，添加其他教师和教学人员。在课程管理平台上，教师可以邀请其他教师和教学人员参与课程的教学工作。准许他们访问课程页面和相关材料，以便他们能够协助教学和管理。

第六，在会话网站添加课程材料。

通过以上步骤，教师可以制作出高质量的线上课程描述页，以便学生更好地了解课程的相关信息，提高课程的注册量和参与度。同时，教师需要注意更新和维护课程材料和描述页，以确保其准确性和时效性。

（4）准备课程讲座视频的材料

在视频开播之前，教师需要提前准备材料。在开播之后，教师也需要根

据实际情况对视频进行调整。这有助于及时调整和改进课程，以满足学生的学习需求和期望。同时，教师还应该合理安排时间来准备和制作课程材料，确保其质量和准确性。通过持续改进和优化课程内容和材料，教师可以提高教学质量，增强学生的学习体验。

（5）课程制作的时间安排

在课程开始前的两个月，教师需要录制、编辑和上传课程材料。以下是具体的操作步骤。

第一，编写课程材料。教师需要准备相应的课程材料，包括文字、图片、音频和视频等内容。

第二，录制讲座视频。教师需要录制讲座视频，确保视频内容清晰、准确、生动，并且能够有效地传达课程知识。

第三，编辑视频。在录制完讲座视频后，教师需要对视频进行编辑和处理，以确保视频的质量和准确性。

第四，上传视频到慕课平台。将编辑好的视频上传到慕课平台上，以便学生能够观看和学习。

第五，上传相关的课程资源。教师需要上传与课程相关的其他资源，如作业、阅读材料、参考书籍等。

第六，为录制的视频创建嵌入式测验。在每个视频中嵌入测验，以便学生能够自我检测学习进度和掌握程度。

在课程开始前的一个月，教师需要编制课程评价的内容并管理会话网站。以下是具体的操作步骤。

第一，编写由机器自动评分的作业。教师需要准备一些自动评分的作业，以便学生能够进行自我测试和练习。

第二，为课程评价设置评分规则和截止期。教师需要设定评分规则和作业提交的截止日期，以便学生能够了解如何获得课程成绩。

第三，编写并发送欢迎邮件或公告。教师需要发送欢迎邮件或公告给学生，介绍课程的内容、安排和要求。

在课程开始之前的两周，教师需要对课程上线前的所有工作进行最后的检查和收尾工作。

在以上步骤都完成的情况下就可以录制课程讲座视频。

3.作业与测验

教师在设计MOOC教学时，可以利用在线平台的功能来有效地管理课程和评估学生的学习进度。

在MOOC中嵌入小测验可以帮助学生保持注意力并测试他们的理解程度。这些测验题目通常不会计入学生的学习成绩，因此难度不宜过高，也不应涉及太复杂的延伸、演算或计算题。这样可以帮助学生在学习过程中保持积极性和参与度，并了解自己的学习进展。

除了嵌入式测验外，MOOC教师还可以提供作业和进行测验。一个完善的MOOC平台会提供完整的作业/测验功能，以便教师能够方便地布置作业、设置测验和收集学生的答案。

由于MOOC通常具有开放式在线教学的特点，每个班级的学生人数可能非常多，因此教师或助教不可能逐个批改每个学生的作业和测验。为了实现有效的评估，最理想的方法是利用计算机自动批改或同伴互评。

计算机自动批改可以利用算法和人工智能技术来快速准确地评估学生的作业和测验答案。这种方法可以减轻教师的负担，并提高评估的效率。

同伴互评是一种学生之间互相评估作业和测验答案的方法。它可以帮助学生互相学习、提高批判性思维和评估能力，同时也可以减轻教师的负担。

在实施同伴互评时，教师要为学生提供指导和培训，以确保评估的准确性和公正性。此外，教师还要监控整个评估过程，并对学生的评估结果进行抽查和监督，以确保评估的质量和有效性。

4.讨论区

教师要精心设计讨论区，以引导学生进行讨论并促进学习论坛的产生。通过选修同一门课程的学习者聚集在一个统一的时间段内进入课程讨论论坛，他们可以提出自己的疑难问题，也可以帮助其他学习者答疑解惑。

当有学习者提出问题时，先让其他学习者共同参与讨论。通过集思广益，可以促进学习者之间的互相学习和交流。经过讨论后，教师可以或助教可以提供正确答案，并对重点问题进行总结和解释。

## 三、翻转课堂

### （一）翻转课堂的内涵

翻转课堂是指重新调整课堂内外的时间，将学习的决定权从教师转移给学生。在这种教学模式下，学生能够更专注于主动地基于项目的学习，共同研究解决问题，从而获得更深层次的理解。教师不再占用课堂的时间来讲授信息，这些信息需要学生在课前完成自主学习，他们可以看视频讲座、听播客、阅读功能增强的电子书，还能在网络上与别的同学讨论，能在任何时候去查阅需要的材料。教师也能有更多的时间与每个人交流。在课后，学生自主规划学习内容、学习节奏、风格和呈现知识的方式，教师则采用讲授法和协作法来满足学生的需要和促成他们的个性化学习，其目标是为了让学生通过实践获得更真实的学习。

### （二）翻转课堂的模式

翻转课堂基本模式主要包含以下内容（图5-8）。

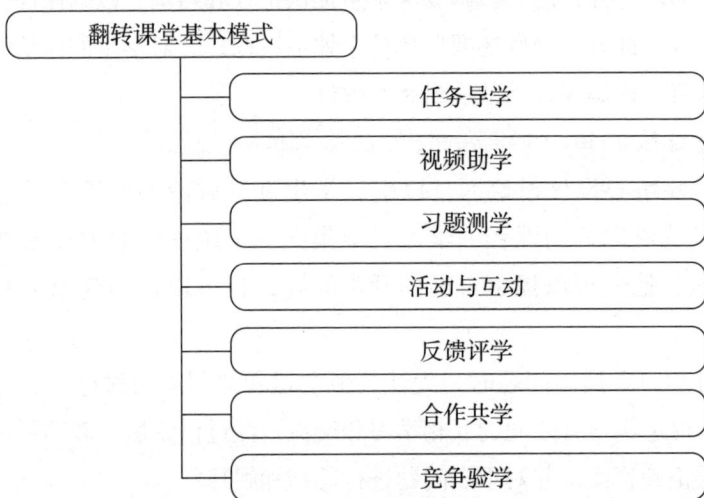

翻转课堂基本模式

- 任务导学
- 视频助学
- 习题测学
- 活动与互动
- 反馈评学
- 合作共学
- 竞争验学

图5-8　翻转课堂基本模式

1. 任务导学

教师根据教学目标，精心设计预习和复习的任务，以引导学生进行课外的自主学习。通过设定明确的目标和路径，教师可以帮助学生更好地理解课程内容，并为课堂上的互动和讨论做好准备。

2. 视频助学

教师根据教学大纲的要求，将知识点进行细致的划分，然后进行微课的设计和录制。这些视频通常的时长为5～15分钟，涵盖了三种不同的类型。

第一种类型是新知学习视频，主要用于学生在新课前进行预习。教师通过问题引导的方式，帮助学生了解即将学习的内容，并布置相关的预习任务，为课堂上的深入学习做好准备。

第二种类型是复习视频，主要用于学生在复习课前进行知识点的总结和梳理。通过回顾和总结之前学过的内容，学生可以巩固所学知识，并为课堂上的复习和讨论做好准备。

第三种类型是易错点学习视频，这类视频针对学生在课堂练习或考试中容易出错的难点进行解析。通过分析出错原因和纠正方法，帮助学生自主反思和提升，避免在以后的学习中再次出错。

3. 习题测学

教师定期发布在线习题，用以检测学生通过视频助学的学习效果。这些习题与学生的学习进度同步，以章节为单位，以便于学生进行及时的自我检测。每个章节结束时，再进行一次验收测试，以便于对比学生在不同阶段对知识的掌握程度。通过这种方式，学生可以及时了解自己的学习状况，发现并纠正理解上的偏差，同时也可以加深对知识的理解和记忆。

4. 互动促学

根据不同的教学内容和学生能力发展的目标，教师可以设计各种不同形式的小组合作学习活动，以满足学生的需求和激发他们的学习兴趣。这些活动形式灵活多变，可以包括小组讨论、角色扮演、案例分析、团队项目等。通过小组合作学习，学生可以在互动中互相学习、互相帮助，提高团队协作和解决问题的能力。

5. 反馈评学

通过这种方式，翻转课堂实现了课外和课内教学的有机衔接和相互促

进。教师可以更好地了解学生的学习需求和困难，及时调整教学策略和方法，提高教学效果；同时也可以帮助学生更好地掌握知识和技能，促进他们的全面发展。

6. 合作共学

首先，教师可以根据学生的特点和需求进行合理的分组，使得不同类型的学生能够相互搭配和互相补充。同时，在小组内进行明确的分工，让每个学生都能够承担一定的任务和责任，这样可以培养学生的责任感和团队合作意识。

其次，教师可以通过制定过程监控策略，及时掌握学生的学习情况和进度。通过及时给予指导和帮助，教师可以帮助学生克服困难，提高学习效果。

最后，教师可以通过组织小组内的交流和讨论活动，鼓励学生相互学习和分享经验，促进小组内的共学互助。同时，教师也可以根据学生的学习情况进行评价和反馈，及时表彰优秀的小组和个人，激励更多的学生积极参与小组合作学习和讨论。

7. 竞争验学

在翻转课堂的环境下，学生通过课前的自主学习，已经对新知识有了一定的了解和准备。课堂上的时间则更多地用于深化理解、解决问题和进行实践应用。在这种情境下，引入竞争验学可以进一步激发学生的学习动力和兴趣。

教师首先将学生分成若干小组，并为每个小组分配不同的任务或问题。这些任务或问题可以是与课程内容相关的讨论题、案例分析、实践操作等。

为了激发小组间的竞争，教师可以设定一些评分标准或奖励机制。例如，为表现优秀的小组颁发奖品、给予额外的课堂表现分等。

在课堂上，各小组展示自己的成果并进行讨论。其他小组可以对展示的内容进行质疑、补充或提供新的观点。通过这种方式，学生不仅可以加深对知识的理解，还可以锻炼自己的沟通和表达能力。

在讨论和实践结束后，教师对各小组的表现进行点评和反馈，总结其中的优点和不足，并给出改进的建议。

通过组织小组间的良性竞争，学生可以在合作与对抗中锻炼自己的团队协作和沟通能力。这种竞争不仅可以加强学生的团队意识，还能促使他们更加投入地参与课堂学习和讨论。同时，为了在竞争中取得好成绩，学生通常需要更加深入地理解和掌握知识，这也有助于提升他们的学习效果。

此外，翻转课堂重新规划了课堂时间的安排，改变了传统教学模式中以教师讲授为主的策略。在翻转课堂中，课前预习和课堂讨论的时间比例可以根据实际情况灵活调整。课堂上不再是一味地听讲，而是更加注重学生的参与和互动，给予学生更多的思考和实践机会。

## （三）翻转课堂教学的主要任务

翻转课堂教学的主要任务包括以下几方面（图5-9）。

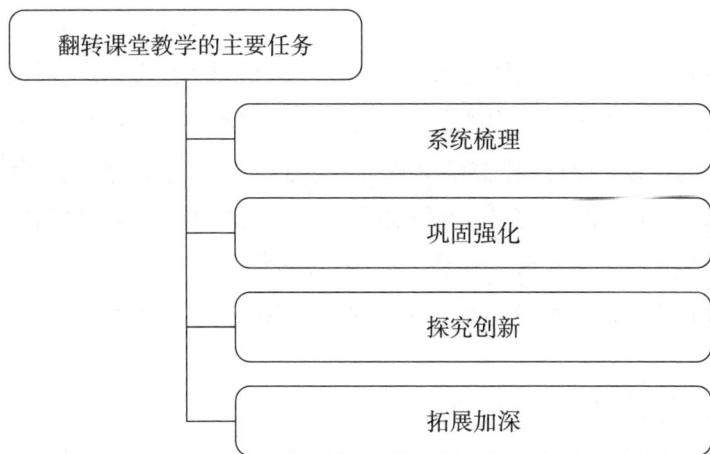

图5-9　翻转课堂教学的主要任务

### 1.系统梳理

在翻转课堂上，教师可以和学生一起回顾本单元的知识点，通过绘制知识图谱或知识树等方式，将知识点进行整理和归类。这样可以帮助学生清晰地理解学科的全貌和知识点之间的联系，形成完整的知识体系。通过建构知识体系，有助于学生更好地理解和应用所学知识，提高学习效率和思维能力。

2.巩固强化

发放学习任务单或导学案是巩固强化学生理解相关知识的很好的举措，可以帮助学生更好地理解和掌握学习内容。

学习任务单或导学案是教师根据学生的学习情况和教学目标，结合教学内容和视频内容，精心设计和准备的一种学习材料。它包含了作业题、学习目标、学习内容、学习任务和反馈等内容，可以帮助学生更好地理解和掌握学习内容，提高学习效果。

3.探究创新

探究活动是学生学习和发展的重要组成部分，它可以帮助学生深入理解知识，培养创新思维和解决问题的能力。探究和创新的过程不仅可以帮助学生掌握知识，还可以培养他们的创新意识和能力。在面对不确定的未来社会时，探究和创新的能力尤为重要，它们是学生适应未来社会和发展的重要保障。

4.拓展加深

在翻转课堂上，教师可以根据学生的学习情况和兴趣，准备有深度的学习内容和问题，引导学有余力的学生进一步探索和挑战。这些问题可以涉及更高级别的概念、原理或技能，旨在提高学生的思维能力和解决问题的能力。

同时，教师可以通过"实时走班"或"及时分组"的教学形式，将不同水平的学生进行合理搭配和组合，以便更好地满足他们的学习需求。这样可以让学生在小组内互相学习和交流，促进知识的共享和提升。

## （四）翻转课堂的教学步骤

翻转课堂教学的教学步骤具体如下。

1.课前准备阶段

（1）教师活动

①分析教学目标

在翻转课堂中，教学目标的明确非常重要。教师可以根据学生的实际情况和教学目标，结合教学内容和视频内容，制定具体的学习任务和作业，以帮助学生更好地理解和掌握学习内容。同时，教师还可以根据学生的学习情况及时调整教学策略和方法，以提高学生的学习效果。

②制作教学视频

第一，确定教学目标。在制作教学视频之前，需要明确每一节课或每个单元的教学目标，以确保视频内容与教学目标相符合。

第二，做好视频录制。录制教学视频时，需要注意以下几点。

内容要简洁明了：录制视频时要确保内容简洁明了，重点突出，避免冗长和无关的内容。

讲解要生动有趣：讲解时要注意语速适中，语言生动有趣，尽可能地吸引学生的注意力。

演示要清晰明了：演示操作时要清晰明了，注意细节，确保学生能够清楚地了解操作流程。

第三，做好视频编辑。在录制好视频后，需要进行剪辑和编辑，以确保视频的质量和效果。教师可以利用视频编辑软件进行剪辑和编辑，包括剪辑掉冗余的部分、加入字幕、调整音量等。

第四，做好视频发布。在完成视频制作后，需要将视频发布到学生可以访问的地方，以便学生观看。教师可以将视频上传到学校网站、班级群等地方，也可以将视频刻录成光盘或U盘发放给学生。

（2）学生活动

①观看教学视频

教师制作教学视频可以帮助学生更方便地进行学习。对于学习速度快的学生，他们可以快速地观看视频；而对于学习进度慢的学生，可以根据自己的实际情况让视频停顿，以便更好地理解和掌握知识。

②做适量练习

学生观看完教学视频后，需要完成教师布置的针对性课堂练习，以便更好地调整教学策略和方法。这些练习可以是针对视频中所学知识的巩固和提高，也可以是引导学生从旧知识向新知识过渡的桥梁。通过完成练习，学生可以加深对视频内容的理解和掌握，同时也可以发现自己的不足之处，及时进行弥补和提高。

2.课中教学活动设计阶段

（1）确定问题，交流解疑

在开始阶段，教师需要针对学生观看的视频和通过网络交流平台反映出

来的问题进行解答和引导，这有助于及时解决学生在学习过程中遇到的问题，帮助他们更好地理解和掌握知识。

学生通过观看教学视频，可以自主安排学习时间和地点，根据自己的学习节奏和方式进行学习，这样可以提高学生的学习积极性和自主性。同时，学生在观看视频的过程中，可以随时暂停、重播或做笔记，以便更好地理解和记忆知识。

通过网络交流平台，学生可以与教师和同学进行探讨和交流，这有助于促进他们的思维能力和合作学习能力的发展。学生可以提出自己的疑惑点，与他人进行讨论和交流，这样可以激发他们的学习兴趣和热情，同时也可以帮助他们更好地理解和掌握知识。此外，学生还可以通过交流平台与同学进行合作学习，共同解决问题，提高学习效果。

（2）独立探索，完成作业

独立学习的能力无疑是现代社会中至关重要的一项能力。具备这种能力的学生能够更好地适应不同的学习环境和任务要求，更加主动地掌控自己的学习进程，从而取得更好的学习效果。翻转课堂作为一种现代化的教学模式，其重要特点就是为学生提供了个性化的学习环境。在这样的环境中，学生能够根据自己的学习节奏、风格和兴趣进行学习，从而更好地培养和提升独立学习的能力。

在翻转课堂中，学生需要独立完成教师布置的作业和科学实验。这可以促使学生进行自主思考、自我管理、自我决策等，从而进一步促进他们的自主学习能力的发展。通过这种方式，学生不仅能够获取知识，更重要的是能够掌握如何学习的能力，这是他们终身学习和未来发展的重要基础。

在独立完成作业的过程中，学生需要审视自己理解知识的角度，建构知识的结构，完成知识的进一步学习。这不仅需要学生具备一定的自我认知和知识管理能力，还需要他们能够自主地规划学习路径、安排学习时间、整理学习笔记等。这些都是独立学习能力的核心要素，对于学生的自我发展和成长至关重要。

通过逐渐积累独立学习的经验，学生可以在独立学习中构建自己的知识体系。这是一个从被动学习到主动学习的转变，也是学生逐渐成为自我学习的主人的过程。这样的经验不仅有助于学生在学校的学习，也将对他们的一

生发展产生深远影响。

（3）合作交流，深度内化

在翻转课堂中，学生通常被分成小组进行合作学习，这种小组形式有助于学生之间的交流和互动。通过独立探索阶段的学习，学生可以与同伴分享自己对知识的理解，这种合作学习方式可以实现交往学习，让学生在与他人的对话、交流、讨论等学习活动中开展学习过程。

这种合作学习方式有很多益处。首先，它可以促进学生的交往能力、合作能力和自我认知的发展。在小组合作中，学生需要学会与他人交流、讨论、协商和解决问题，这可以锻炼他们的沟通能力和合作技巧。同时，通过与他人的互动和交流，学生可以更好地认识自己，了解自己的优点和不足，从而促进自我认知的发展。

其次，这种合作学习方式也可以帮助学生更好地理解和掌握知识。在小组讨论中，学生可以就自己不懂的问题向同伴请教，同时也可以帮助其他同学解决问题。这种互相帮助、互相学习的过程可以加深学生对知识的理解和记忆，提高学习效果。

此外，小组合作还可以培养学生的创新思维和批判性思维。在小组讨论中，学生需要就问题进行深入的思考和分析，提出自己的观点和见解，同时也要对他人的观点进行评判和批判。这种思维过程可以帮助学生发展自己的创新思维和批判性思维，提高解决问题的能力。

（4）成果展示，分享交流

在翻转课堂的教学模式下，学生在经过独立探索和合作交流后，通常会完成个人或小组的成果。这些成果可以以多种形式进行展示和交流，如报告会、展示会、辩论赛或小型比赛等。在这些活动中，学生可以分享自己的学习心得和体会，通过交流彼此的智慧火花得以碰撞，从而促进更深层次的学习和理解。

在交流中，学生可以学习到其他学生或小组的优点和长处，明确自己的优势与不足。这种互相学习和借鉴的过程可以帮助学生更好地认识自己，发现自己的潜能，同时也可以促进他们的自我反思和自我管理能力的发展。

此外，通过展示自己的成果和听取他人的展示，学生可以锻炼自己的表达和沟通能力。他们需要清晰地阐述自己的观点和想法，同时也要学会倾听他人的观点和意见。

# 第四节　智慧教育环境的适用与搭建

随着互联网技术的发展，以及电子多媒体教学设备的普及，我国大部分中小学校已经初步具备构建"智慧教育"的基础。借助电子白板、电子荧幕、电子讲台、电子书包等器材，学生在短短的45分钟内所接受的信息量大大增加，教学效率大幅提高。对学校而言，构建电子课堂、电子教室等智慧教学的实践环境也将提高教育资源的转化率，降低校园师资投入的成本，提高教师教学资源的利用率。不过，由于我国各地开展"智慧教育"的时间、深入程度、推广面向差异比较大，老中青三代教师运用"智慧教学"的倾向和依赖有所差异，一定程度上来说，除了个别提前适应"智慧教学"系统的班级外，临时接入"智慧教学"体系的班级都不同程度地存在着不适应、不专注、不到位的现象。

在实际教学过程中，一些教师只能够简单地利用"智慧教学"中的电子屏幕和电子黑板，以满篇文字和激光笔手书，机械化地代替黑板板书，对"智慧教学"系统的利用还有待深入探索。另外，部分教学实践中也出现了教师在课堂播放网络公开课、自动放映课件来代替实际教学授课的情况。以上两种情况都是对"智慧课堂"的误用，也都不利于教师教学水平的提升，不利于学生对授课内容的理解。因此，有必要也有理由围绕"智慧教育"的实际使用和使用环境构建进行探讨。

## 一、"智慧教育"的定义

"智慧教育"又被称为"智慧教学""智慧课堂"，它最早出现在新加坡，早在20世纪90年代就被引入我国部分小学进行试点。不过，由于我国各地区的教学资源分配差异巨大、电子课堂设备成本昂贵、部分年纪较大的教师对计算机等电子器械使用不熟练等客观原因，智慧教学发展始终举步维艰。直

到2010年前后，"智慧教育"才伴随着新一代信息技术革命，成为中小学教育改革的重点。

"智慧教育"，顾名思义就是借助"智慧"设备，完成教学空间内的智性创造。"智慧教育"的定义强调教学中"智慧设备"的运用。IBM曾经为"智慧教育"做出阐释，认为"智慧教育"必须包含三个维度，即：个性多元的学习路径，服务型经济的知识技能，系统、文化、资源的全球整合。有研究者通过阅读相关文献整合实际调研经验，认为，"智慧教育"系统中，教师既应该充分利用电子屏幕、电子黑板的多元性功能，充分利用45分钟，向学生阐释课堂学习的总目标，又应该在利用电子讲台、电子书包的过程中，充分调动学生的个体智慧参与，调动学生在学习中的主观能动性和个性创造力。

## 二、"智慧教育"环境的适用范围和适用模式

### （一）情境想象–媒介还原——视频画面课堂授课时的运用与发展

"智慧教育"对媒介材料的运用在史无前例地增长，电子屏幕、电子书包展示数字信息的能力远远超过一般的课本。在这样的情况下，教师往往能够借助电子设备，实现教学重点的迁移。在"智慧教育"出现之前，教师对低年级学生开展短文习作的训练往往需要借助大幅图片，让学生在观察图片的过程中逐渐了解观察事物的方式、了解行文的前后步骤。不过，由于低年级学生的认知能力和逻辑思维能力还未完全成熟，很多学生并不能够很好地理解。在"智慧教育"开展之后，教师可以尝试播放一段视频，让学生观察与思考：首先出现的画面是什么？这个画面给观察者的第一感受是什么？画面说明了什么？会让观众产生什么遐想？通过视频材料，进一步让学生学习叙说事物的方法，更生动形象，也更简便简洁。除了借助视频材料完成对观察的理解外，也可以借助直观的材料，帮助学生自主理解复杂的重难点课程。古诗词、文言文常常是学生理解的重难点。以人教版小学二年级《语文》《赠汪伦》中潭水和感情的关系为例，一些学生对计量单位也很模糊，这些客观因素常常会影响学生对诗词感

染力的理解。而借助视频画面展示夸张的千尺长度，可以更加直观地展现这种情感概念上"深"的尺度，使学生逐渐学会感性思维与文化符号之间的转化。

### （二）直观思维-抽象思考——以动画与实验为基础的探索

从直观思维转化到抽象思考是一个相对复杂的过程。特别是对一些中小学生而言，抽象思考还包含着总结、分析的思考流程，很多学生在接触部分需要抽象思考的课程时，会表现出不习惯、不熟悉的态度，以至于浪费了大量的学习时间。而借助"智慧教育"系统则可以改变这一问题。以人教版六年级《数学》"圆锥体积的测量"为例，不少教师会让学生"背公式"来计算圆锥体积。但这一方式相对枯燥，也不利于培养学生的逻辑推理能力。而"智慧教育"可以通过更直观的方式，让学生意识到"圆锥体积是圆柱体的三分之一"。例如，有教师在课堂上以动画的形式呈现同等底面积的圆柱体和圆锥体各一个，动画中教师用圆锥体装沙，向圆柱体倾倒，三次后圆柱体便被装满。通过这种模拟操作，学生很容易意识到同等底面积的圆柱体的体积相当于圆锥的三倍。这种生动的展示也使学生更为直观地理解和感受数学图形的魅力。

### （三）分组讨论-数据汇总——充分开放小组讨论的客观条件

小组讨论是学生学会独立思考和团队合作的重要方式，基础教育课本中也设置了大量的讨论课，供学生自主阐发不同的观点。不过，在缺少"智慧教育"系统的条件下，小组讨论会面临一系列的实践困难，如小组发言的统计时间过长，严重扰乱了授课节奏；低年级学生自控力不强，小组讨论往往会跑题；选题的材料相对单小组讨论的内容维度较少等。在"智慧教育"环境下，通过电子书包收集数据，展示具体案例，在一定程度上可以解决目前小组讨论中存在的部分问题。而电子讲台等网络信息终端的信息汇总功能，也能让教师在第一时间收到学生反馈的信息，实现课堂上同步讨论、同步探索。小组讨论在学生的课堂实践和课后交流等方面也有一定的指导意义，譬如部分电子书包提供了在线提问功能，学生可以通过"留言板"或"小纸条"向教师表达自己的观点。这对于性格内向、不愿意在课堂等公共空间展示自

己思考成果的学生而言是一种鼓励，也有利于教师更具体地了解学生的需求。

（四）课堂学习-家庭复习——脱离时间空间束缚的个性化学习流程

　　每个学生几乎都有着属于自己的学习节律，教师的教育实践就是顺应这种学习节律，更好地推动学生展开探索与学习。譬如有些学生的课堂专注力不高，需要借助课后复习来展开自我探索；而有些学生的自我意识偏低，需要教师在课堂上推动学生展开自主思考。不过，理论虽然如此，实际上却存在着诸多阻碍。在没有"智慧教育"系统的情况下，学生课后复习缺少相应的情境材料，也缺少教师的补充说明。然而通过电子书包和"智慧教育"的课后推送系统，一定程度上可以缓解这一矛盾。目前已经有部分学校开始搭建校园学习资料平台，学生在家中只要登录电子书包账户就可以在线浏览部分精品课程，通过重播重难点详解、在线向教师提问，他们在课堂中的困惑就可以很快获得解答。

## 三、"智慧教育"环境的搭建策略

（一）基于情境想象和媒介还原，搭建学生感性思考空间，拓展学生的形象思考力

　　9～12岁是情境想象力培养的最佳阶段，同样也是教师启蒙学生开启想象、自主表达较为艰难的起步阶段。借助"智慧教育"设备，通过播放视频材料，就可以推动学生进行想象力和感知力的训练。前文已经论述了如何在教师的课堂实践中展开情景想象，但是缺少相应的流程来进行呼应。研究认为，可以借助电子屏幕、电子书包，双重生发学生的自主想象与感性思考意识。同样以前文提及的《赠汪伦》为例，教师可以借助电子屏幕，以参照物的形式向学生介绍"尺"，这时的参照物选取则需要精确到学生日常可以接触的单位。如用电子屏幕展示地球从地表到地心的距离，然后将课件推送至学生的电子书包，图

片上有画好的长度刻度，每个刻度大约为1cm，教师让学生以手指点触刻度，并且计数，通过眼、手等感官的并用，切实感知长度，从而对诗句中的具体标示有所理解。学生在尝试以手丈量"尺"后，就不难理解《赠汪伦》的描写固然夸张，但这种夸张背后又寄托着深厚情感的表达方式。除此之外，教师也可以利用电子屏幕展现实景——课本课文感受描写课后图画表达心中想象的三步程序，来进一步推进学生对景象景物的感知，推动学生产生自主的感性思考。

## （二）搭建小组讨论系统，充分推进学生自主思考能力培养

基于"智慧教育"系统，可以通过确认主题、分析材料、观点分组、主题讨论、演讲汇总课后总结六步完成对讨论空间的建构。

教师首先可以以课本主题确认本次课堂讨论的主题空间。如数学教师在教授"直线射线线段"一课时，首先就需要从概念上简单地对讨论的名词做出解释，进而通过电子讲台向学生推送不同类型的符合主题的材料，学生通过辨认光线、斑马线、直尺、石膏等实物图片，展开小组讨论。教师甚至可以利用电子书包，向学生发出投票，当堂测试学生逻辑辨识的正确率，并酌情选择小组代表发言，最后由教师作课堂总结，向学生呈现直线、射线、线段等特定概念的定义，巩固课堂的学习成果。借助"智慧教育"系统，能够显著提高课堂讨论的效率。

## （三）家校一体，课程无缝对接，使课前预习与课后复习紧密结合

目前已经有学校开始利用本校教学资源和师资力量录播本校的特色精品课程，向学生分享，为学生的课前预习和课后复习提供便利。整个过程需要学校、教师与学生三方参与。学校主要提供技术和资源，负责在录播前准备相关的器材、教室，录播中进行视频采集、课件制作，录播后负责剪辑制作视频、罗列整理课后复习材料，而教师则是构建家校一体智慧教育体系的 主要实施者和人才支持，负责完成精品课程的讲授；学生则是课堂的主要接收者，学生的课堂反馈反映了教师课堂授课的不足，而课后学生的提问往往也具有代表性，可以作为网络特色精品课程的补充，同时提供给使用该系统的学生参考。

# 第六章　信息化时代的教学方法与教学艺术

在信息化时代，人们的学习方式、知识获取途径和交流方式都发生了巨大的变化。传统的教学方法已经不能满足信息化时代的需求，教师需要探索新的教学方法和教学艺术来提高教学效果和质量。

# 第一节 现代教学方法概述

## 一、现代教学方法的概念

现代教学方法是指师生为了完成教学任务而采取的教与学互相作用方式的总称，是实现教学任务的必要条件，是提高教学质量和教学效率的重要保证。现代教学方法强调启发式教学，反对注入式教学，提倡既承认学生是教育的对象，也承认学生是认识的主体，强调教师的主导作用和学生的积极性、主动性相统一。

## 二、现代教学方法的分类

根据不同的标准，可以将现代教学方法分为不同的类型。

### （一）根据主体特征进行分类

根据主体特征，可以将现代教学方法分为以下几种类型（图6-1）。

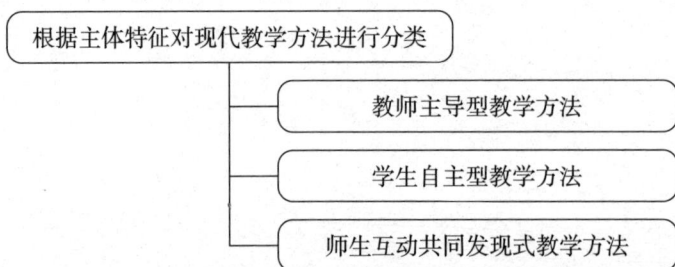

图6-1 根据主体特征对现代教学方法进行分类

1. 教师主导型教学方法

教师主导型教学方法是一种以教师为中心的教学方法，教师通过讲授、演示、呈示等方式传授教学内容，引导学生学习。教师主导型教学方法的具体形式包括以下几方面。

（1）讲授法

它是教师通过语言系统地向学生传授知识的一种基本方法。

（2）演示法

教师通过展示实物、模型、图片等辅助手段，引导学生观察、思考、实践的教学方法。

（3）呈示法

教师通过板书、多媒体等手段，将教学内容呈现在学生面前，引导学生学习的方法。

教师主导型教学方法是以教师为中心，教师是教学的决策者和指导者，学生则处于被动接受知识的地位。这种教学方法强调教师的权威性和主导作用，教师会根据自己的教学计划和目标来设计教学内容和方法，并控制教学进度和节奏。学生则主要是听讲、记笔记和做练习，处于较为被动的学习状态。这种方法容易忽略学生的个性差异和兴趣爱好，不利于培养学生的创新能力和自主学习能力。因此，在实际教学中，教师应根据具体情况选择合适的教学方法，注重学生的个性发展，引导学生积极参与学习过程，提高教学效果。

2. 学生自主型教学方法

学生自主型教学方法是一种以学生为中心的教学方法，旨在培养学生的自主学习能力、创新能力和终身学习的意识。这种教学方法包括以下具体形式。

（1）自主学习法

学生自主选择学习资源、制订学习计划、组织学习活动、评价学习成果等。

（2）合作学习法

学生组成小组或团队，互相协作、交流、分享学习经验和知识，共同完成任务。

（3）研究性学习法

学生通过参与课题研究、项目实践等方式，自主探究问题、解决问题，培养研究能力和创新精神。

（4）实践性学习法

学生通过实践操作、实验探究、社会实践等方式，将理论知识与实际操作相结合，培养实践能力和解决问题的能力。

学生自主型教学方法强调学生的主体地位和主动性，学生是学习的中心和主体，教师则是辅助者和支持者。在这种教学方法中，学生需要具备一定的学习能力和学习方法，能够主动地寻找学习资源，独立思考和解决问题。同时，教师也需要为学生提供必要的学习资源和学习环境，引导学生学会自主学习。

3.师生互动共同发现式教学方法

师生互动共同发现式教学方法是一种教师和学生共同参与学习活动的教学方法，旨在通过师生互动、合作探究的方式，引导学生发现问题、解决问题，提高学生的学习能力和综合素质。

这种教学方法的具体形式包括以下几方面。

（1）课堂讨论法

教师在课堂上引导学生就某一问题进行讨论，鼓励学生发表观点、互相交流，促进学生对问题的深入理解和思考。

（2）问题探究法

教师提出问题或引导学生发现问题，学生通过自主探究或合作学习的方式，寻找答案或解决问题，培养探究能力和创新精神。

（3）案例分析法

教师提供真实的案例或情境，引导学生进行分析、思考和判断，提高学生的分析能力和解决问题的能力。

（4）实践操作法

教师提供实践机会或实验条件，引导学生进行实践操作、实验探究等活动，培养学生的实践能力和创新能力。

师生互动共同发现式教学方法强调师生共同参与学习活动，互相交流、合作探究，实现教学相长。

## （二）根据目标指向进行分类

根据目标指向，可以将现代教学方法分为以下几类（图6-2）。

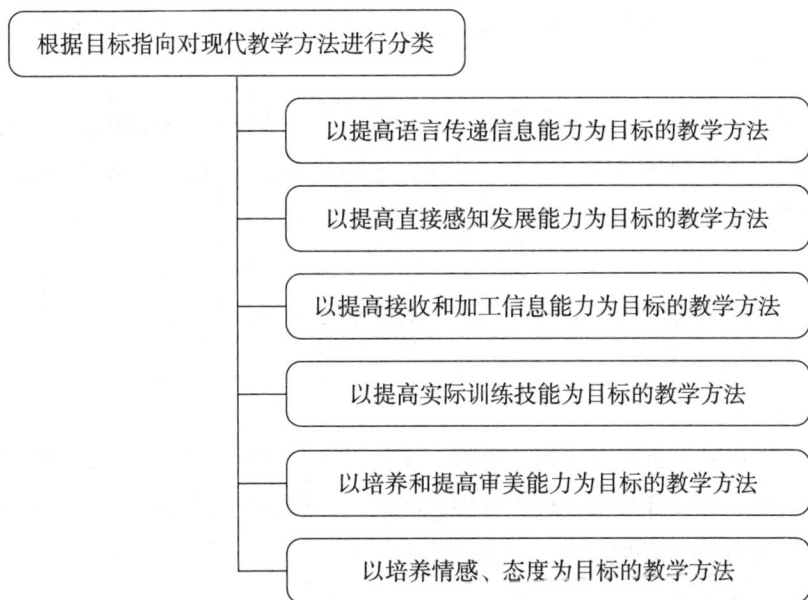

```
根据目标指向对现代教学方法进行分类
    ├─ 以提高语言传递信息能力为目标的教学方法
    ├─ 以提高直接感知发展能力为目标的教学方法
    ├─ 以提高接收和加工信息能力为目标的教学方法
    ├─ 以提高实际训练技能为目标的教学方法
    ├─ 以培养和提高审美能力为目标的教学方法
    └─ 以培养情感、态度为目标的教学方法
```

图6-2　根据目标指向对现代教学方法进行分类

1. 以提高语言传递信息能力为目标的教学方法

（1）讲授法

讲授法是教师运用口头语言，系统地向学生传授知识、技能和观点的方法。它可以在短时间内传递大量的信息，并且能够有效地控制教学进度。

（2）谈话法

谈话法是教师和学生通过对话的方式进行交流和讨论，引导学生发现问题、解决问题的方法。它有利于激发学生的学习兴趣和主动性，促进师生之间的互动和交流。这种方法需要教师具备较高的课堂掌控能力和应变能力，以确保讨论能够有序进行并达到预期的教学效果。

（3）讨论法

讨论法是在教师的指导下，学生以小组或班级为单位，围绕某一主题展

开讨论，互相交流学习经验和观点的方法。它有利于培养学生的合作精神和沟通能力，促进学生对问题的深入理解和思考。

（4）导读法

导读法是教师指导学生独立阅读书面材料，获取知识、技能和信息的方法。它有利于培养学生的阅读能力和自主学习能力，促进学生对所学知识的理解和应用。

对于学生而言，这些方法不仅能够帮助他们掌握知识和技能，还能够锻炼他们的语言理解和应用能力。同时，这些方法也有利于培养学生的合作精神和沟通能力，促进他们的社会化和个性化发展。

2.以提高直接感知发展能力为目标的教学方法

以提高直接感知发展能力为目标的教学方法包括观察法、演示法、实验法和实习法。

（1）观察法

观察法是通过观察实物、模型、图片等直观手段，让学生直接感知客观事物或现象的一种教学方法。这种方法可以帮助学生获得感性认识，培养他们的观察力和分析能力。

（2）演示法

演示法是通过示范性实验或示范操作，让学生直接观察到事物的特征、变化和规律的一种教学方法。这种方法可以增强学生的直观感受和感性认识，帮助他们更好地理解知识。

（3）实验法

实验法是通过实验操作，让学生亲身感受到客观事物的实际情况，培养他们的实践能力和探究精神的一种教学方法。这种方法可以帮助学生巩固理论知识，提高实践能力和创新意识。

（4）实习法

实习法是通过实际操作，让学生亲身参与工作实践，培养他们的实践能力和职业素养的一种教学方法。这种方法可以帮助学生了解实际工作环境和职业要求，提高他们的就业竞争力。

这些方法在各个学科和领域中都有广泛的应用，如科学、技术、医学、工程等领域。同时，这些方法也需要教师具备一定的专业知识和教学能力，能够选择合适的教具和场所，给予学生必要的指导和反馈，以确保教学效果的实现。

3.以提高接收和加工信息能力为目标的教学方法

（1）机械记忆法

这是教师通过反复强调和操练，让学生机械地记忆知识或技能的一种方法。这种方法虽然较为简单和机械，但是在学习一些基础知识和技能时非常有效。通过反复地操练和记忆，学生能够逐渐掌握所学的内容，并达到熟练应用的程度。

（2）意义接受记忆法

这是教师通过引导学生理解所学知识的意义和内涵，让学生主动地接受和记忆知识的一种方法。这种方法能够帮助学生更好地理解和掌握所学内容，提高他们的思维能力和智慧素质。

（3）程式化方法

这是教师将学习内容划分为固定的步骤或程序，让学生按照一定的顺序和方式进行学习的一种方法。这种方法能够帮助学生掌握学习的规律和技巧，提高他们的学习效率和学习成果。

4.以提高实际训练技能为目标的教学方法

这种方法主要有以下几种。

（1）模仿法

学生在教师示范或指导下，通过模仿教师或其他学生的操作、表演等行为，学习并掌握相关的技能和技巧。

（2）实操练习法

学生在教师的指导下，通过反复的实际操作和练习，加深对所学知识的理解和掌握相关技能。

（3）实验法

学生在教师的指导下，使用实验器材或设备，通过观察、记录和分析实验现象和数据，探索自然规律和现象，验证或发现科学原理。

（4）实习作业法

学生在教师的指导下，进入企业、工厂、实验室等实习场所，通过实际工作和实践，学习和掌握相关职业知识和技能。

这些方法可以培养学生的实际操作能力以及解决实际问题的能力，提高他们的职业素养和综合素养。在运用这些方法时，教师需要给予学生适当的指导和反馈，确保他们在安全和符合规范的前提下进行实践和学习。

5. 以培养和提高审美能力为目标的教学方法

这类教学方法强调了审美教育的重要性，旨在培养学生对于美的感知、欣赏和创造能力这些方法主要包括以下几方面。

（1）欣赏法

教师通过引导学生欣赏各种艺术作品、自然风光、人文景观等，让学生感受美的存在和价值，培养他们的审美意识和情趣。这种方法可以通过展示图片、播放音乐、视频等方式进行。

（2）创造法

教师通过引导学生进行创作活动，如绘画、音乐、舞蹈等，让学生表达自己的思想和情感，培养他们的审美表现和创造能力。

在运用这些方法时，教师需要注意选择合适的教学内容和艺术形式，创设良好的审美教学情境，并给予学生必要的指导和反馈，以确保教学效果的实现。

6. 以培养情感、态度为目标的教学方法

（1）合作教学法

在合作学习的过程中，学生可以学会尊重他人、互相帮助、协商合作，从而提升自己的社交能力和合作意识。

（2）社会实践活动法

教师通过引导学生参与社会实践活动，如社区服务、义务劳动、环保活动等，让学生了解社会、接触社会，培养他们的社会责任感、公民意识和社会参与意识。通过实践活动的体验和反思，学生可以更好地理解社会规范、价值观念和道德准则。

（3）潜移默化法

教师通过自身的言行举止、人格魅力和教育环境等，对学生进行潜移默化的影响和教育。教师的人格、情感、态度和价值观等方面对学生的成长和发展具有重要影响。教师可以通过良好的师德、言传身教的方式培养学生的良好品德。

这些方法在教学活动中的运用，有助于培养学生的情感、信念、理想、意志、道德、个性等方面的素质。同时，这些方法还可以帮助学生形成积极向上的人生态度和良好的行为习惯。在使用这些方法时，教师需要关注学生的个体差异和需求，尊重学生的主体性，引导他们积极参与、自主探究和反思，以实现全面发展和个性化成长。

## （三）根据层次特征进行分类

根据层次特征，可以将现代教学方法分为以下几种类型（图6-3）。

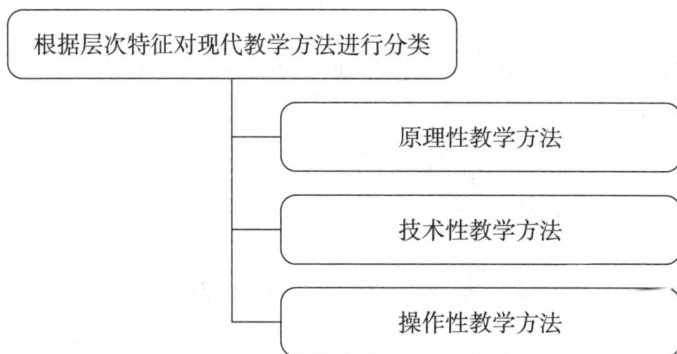

图6-3 根据层次特征对现代教学方法进行分类

1.原理性教学方法

这类教学方法的目标是帮助学生掌握基本概念、理论和原理。在课堂教学中，教师通常会采用讲解、叙述和演示等方法来达到这个目标。例如，在数学课上，老师会用讲解的方式来解释公式和定理的推导过程，帮助学生理解数学原理。在科学课上，老师可能会通过实验来演示自然现象，帮助学生理解科学原理。

2.技术性教学方法

这类教学方法的目标是帮助学生掌握技能和技巧，以及学会使用相关的工具和材料。在实验或实践课程中，教师通常会采用技术性教学方法来教授学生如何使用仪器、设备和材料，并培养他们的实验技能。例如，在化学实验课上，老师会教授学生如何使用化学设备和材料来制备化合物，并解释实验过程中的各种现象。

3.操作性教学方法

这类教学方法的目标是帮助学生掌握实际操作技能，并加深对相关理论和实践的理解。在实习或实践课程中，教师通常会采用操作性教学方法来教授学生如何完成特定的任务或操作。例如，在机械实习课上，老师会教授学生如何操作机器和工具来制造零件或维修设备。在这个过程中，学生不仅学会了实际操作技能，还加深了对相关理论和实践的理解。

## （四）根据刺激方式进行分类

根据刺激方式进行分类，可以将现代教学方法分为以下几类（图6-4）。

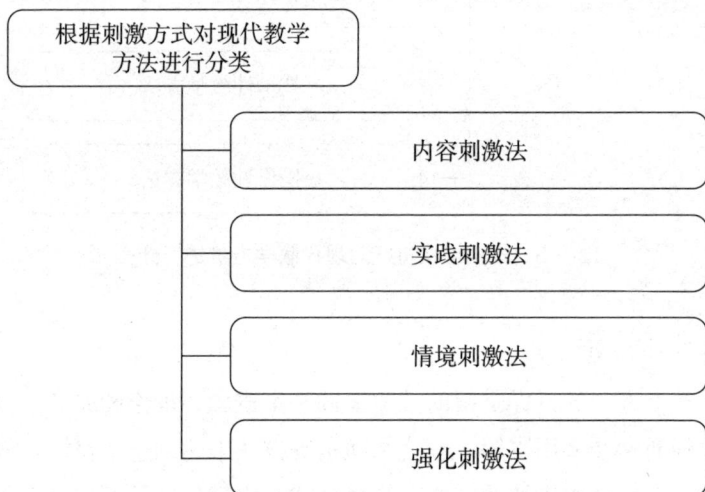

图6-4　根据刺激方式对现代教学方法进行分类

1.内容刺激法

这类教学方法主要通过提供具有挑战性的学习内容，激发学生的学习兴趣和动力。例如，通过设计具有挑战性的问题、项目或任务，刺激学生对学习内容产生兴趣和好奇心，进而主动参与学习过程。

2. 实践刺激法

这类教学方法主要通过让学生参与实践活动或解决实际问题，刺激学生的学习兴趣和动力。例如，通过实验、模拟、实习等实践活动，让学生有机会亲身参与并解决实际问题，进而提高学习的实效性和趣味性。

3. 情境刺激法

这类教学方法主要通过创设与现实生活或实际工作相似的情境，刺激学生的学习兴趣和动力。例如，通过角色扮演、案例分析、模拟经营等方式，让学生置身于真实的情境中，进而提高学习的针对性和实用性。

4. 强化刺激法

这类教学方法主要通过奖励、惩罚等手段强化学生的学习行为，刺激学生的学习兴趣和动力。例如，通过制定奖励机制、积分制度等方式，激励学生积极参与学习过程并取得好成绩；或者通过惩罚机制，刺激学生认真对待学习任务并克服不良学习习惯。


## 三、现代教学方法的运用原则

现代教学方法的运用原则是指在选择和运用教学方法时，应遵循的一些基本指导思想。以下是现代教学方法的运用原则。


### （一）启发性原则

教学方法应该具有启发性，能够引导学生主动思考、发现和解决问题。这种教学方法强调学生的主体地位，发挥学生的主体作用，调动学生的积极性和主动性，培养学生的创新思维和解决问题的能力。

在启发性教学中，教师会通过问题引导、探究式学习、案例分析等方式来引导学生主动思考和学习。教师会设置具有启发性的问题或情境，激发学生的思维和好奇心，引导学生主动探究和解决问题。同时，教师也会给予学生充分的思考时间和空间，鼓励学生提出自己的想法和见解，引导学生深入

思考和探究。

## （二）直观性原则

教学方法应具有直观性，能够帮助学生更好地理解和掌握知识。教师应根据教学内容和学生的实际情况，选择合适的直观教学手段，如实物展示、图片演示、实验操作等，以增强学生的感知和理解能力。

## （三）循序渐进原则

教学方法应遵循循序渐进的原则，根据学生的认知规律和学科特点，逐步引导学生掌握知识和技能。教师应注重基础知识的掌握和基本技能的培养，避免急于求成和拔苗助长。

## （四）巩固性原则

教学方法应注重巩固性，帮助学生巩固所学知识和技能。教师应根据学生的实际情况和学科特点，采取多种形式的复习和巩固措施，如课堂提问、练习设计、单元测试等，以加深学生对知识的理解和记忆。

## （五）反馈性原则

教学方法应注重反馈性，及时给予学生反馈和评价。教师应根据学生的实际情况和教学目标，采取多种形式的反馈和评价措施，如课堂表现、作业批改、考试成绩等，以了解学生的学习情况和效果，及时调整教学方法和策略。

## （六）因材施教原则

教学方法应因材施教，根据学生的个性差异和需求特点，选择合适的教学方法和内容。教师应尊重学生的个性差异，注重学生的个性化需求和发展，为每个学生提供适合自己的教学方案。

　　总之，在实际教学中，教师应根据具体情况选择合适的教学方法，并灵活运用这些原则，以提高教学效果和质量。

# 第二节　教学方法的优化选择

## 一、现代教学方法的选择依据

　　教师选择教学方法时需要考虑的依据非常多，其中教学目标和任务、教学内容、学生实际情况以及教师素质和驾驭能力是非常关键的（图6-5）。

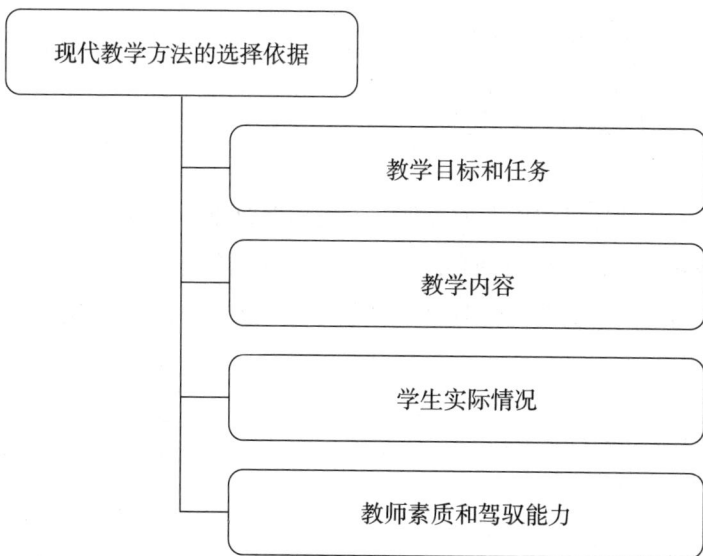

图6-5　现代教学方法的选择依据

## （一）教学目标和任务

教学方法的选择应该与教学目标和任务相符合。不同的教学目标和任务需要不同的教学方法，如对于知识的传授、技能的培养、情感的熏陶等，需要选择不同的教学方法。

## （二）教学内容

教学方法的选择应该根据教学内容的特点进行选择。不同的学科、不同的知识点需要不同的教学方法，如对于抽象的概念、实验的操作、文学的鉴赏等，需要选择不同的教学方法。

## （三）学生实际情况

教学方法的选择应该考虑学生的实际情况，包括学生的年龄、认知水平、学习风格等。不同的学生需要不同的教学方法，如对于低年级的学生，可能需要采用更加直观形象的教学方法，而对于高年级的学生，可能需要采用更加启发思考的教学方法。

## （四）教师素质和驾驭能力

教学方法的选择应该考虑教师的素质和驾驭能力。不同的教师有不同的教学风格和特长，需要根据自己的特长和学生的需求选择合适的教学方法。同时，教师也需要根据自己对教学内容的理解和把握程度，选择适合自己的教学方法。

## 二、选择教学方法的注意事项

选择教学方法的注意事项主要包括以下几方面（图6-6）。

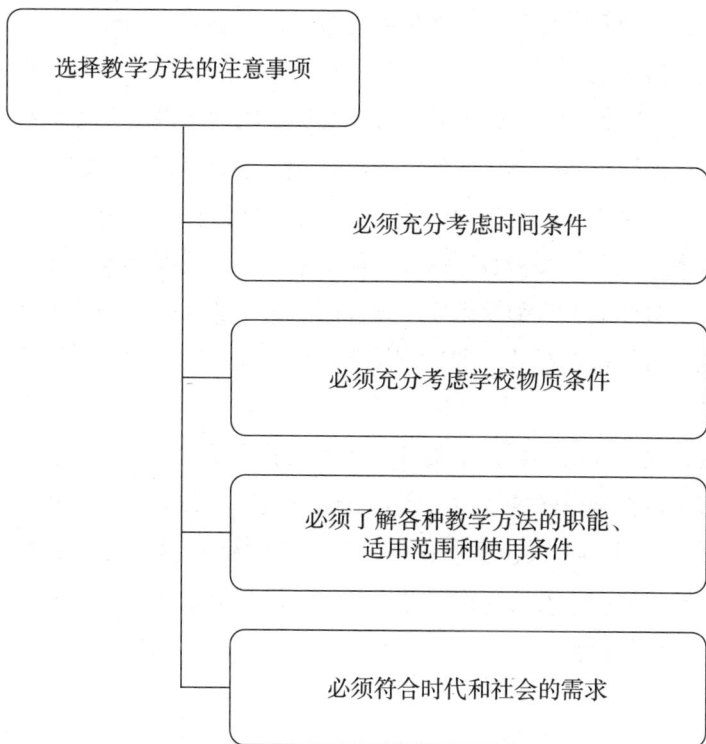

图6-6 选择教学方法的注意事项

### （一）教学方法的选择必须充分考虑时间条件

无论使用何种教学方法，都需要一定的时间投入，而且不同教学方法所需的时间长度可能会有所不同。因此，教师在选择教学方法时，需要考虑到教学时间和教学效率，对教学方法进行优化和调整，确保教学方法能够有效地提高教学效果和质量。

## （二）教学方法的选择必须充分考虑学校物质条件

学校的教学物质条件包括教学设备、教学软件、教学物质环境等，这些因素直接影响到教学方法的实施和教学效果的实现。

首先，教学设备是实现教学方法的重要手段。如果学校的教学设备不足或者没有相应的教学设备，那么再好的教学方法也无法实施。例如，如果学校缺乏实验器材或者实验室空间不足，那么就不能选择以学生实验为主要教学方法的教学方式。相反，如果学校拥有充足的教学设备和实验室，那么就可以选择更加注重实践操作的教学方法，如学生分组实验、探究性实验等。

其次，教学软件也是教学方法实施的重要条件。现代教学方法往往需要使用各种教学软件，如多媒体课件、网络平台、在线课程等。如果学校缺乏相应的教学软件或者教师缺乏使用软件的能力，那么就无法选择这些教学方法。因此，教师在选择教学方法时需要考虑学校的教学软件条件和自身的软件使用能力。

最后，教学物质环境也是教学方法实施的重要因素。教学物质环境包括教室的布局、教学设备的摆放、实验室的空间等。如果学校的教室布局不合理或者教学设备的摆放位置不科学，就会影响到教学方法的实施效果。因此，教师在选择教学方法时需要考虑学校的教学物质环境条件，并根据实际情况进行选择和调整。

## （三）必须了解各种教学方法的职能、适用范围和使用条件

教师需要对各种教学方法有清晰的认识，并熟悉每种教学方法的特点，才能更好地选择和运用合适的教学方法，提高教学效果和质量。例如，讲授法是一种常用的教学方法，它能够在短时间内将大量系统性的知识信息传递给学生。然而，讲授法的局限性在于它可能不利于学生的主体性和积极性的发挥。再比如，机械式学习有其特定的适用范围。对于一些学习主体不具备高级理解能力和推理能力的情况，如学习外语时还未掌握构词规律和构词法，或者学习材料本身不具备连贯的、逻辑的结构，只是一种编码或象征性符号，这时只能依靠机械记忆。

在实际教学中，教师应该根据具体的教学目标和情境，综合考虑各种教学方法的优缺点，灵活选择和运用教学方法。教师可以根据教学内容的特点、学生的实际情况、教学目标的要求以及自身素质和驾驭能力等因素来选择最合适的教学方法。同时，教师还需要根据实际教学效果和反馈情况，及时调整和改进教学方法，以提高教学效果和质量。

### （四）教学方法的选择必须符合时代和社会的需求

随着科技的进步和教育理论的发展，不断涌现出一些新的、富有成效的教学方法，教师需要及时了解和掌握这些新的教学方法，并灵活运用到实际教学中。

例如，近年来信息技术与教学的融合越来越受到关注，许多新的教学方法如混合式教学、翻转课堂等也逐渐被引入教育领域。这些教学方法的引入可以帮助学生更好地发挥主体性和积极性，促进学生的自主学习和合作学习，提高教学效果和质量。因此，教师需要及时更新教育观念，积极学习新的教学方法，并将其融入自己的教学中。

另外，教学方法的选择还需要考虑社会的需求和学生的实际情况。不同的社会背景和学生特点需要不同的教学方法。例如，对于一些基础较差的学生，教师可以采用更加基础的教学方法，如加强基础知识的教学、增加练习的次数等；对于一些对实践操作能力要求较高的学科，教师可以采用更多的实验、实践教学方法等。

# 第三节　信息化时代的教学艺术分析

随着信息技术的飞速发展，教育领域正经历着前所未有的变革。信息化时代给教学艺术带来了新的挑战和机遇，也使得教学艺术的分析和理解变得更加重要。

## 一、信息化时代教学艺术的概念

教学艺术在信息化时代，指的是教师运用信息技术手段，根据学生的特点和教学内容，创造性地设计教学环节和方式，以达到提高教学效果和学生学习体验的目的。

## 二、信息化时代教学艺术的特点

在信息化时代，教学艺术得到了新的发展和应用。传统的教学艺术强调教师的言传身教、学生的参与和互动，而信息化时代的教学艺术则更加注重数字化、网络化的教学方式，以及个性化、多元化的学习体验。

首先，信息化时代的教学艺术更加注重数字化、网络化的教学方式。教师可以通过多媒体技术、网络平台等手段，将教学内容以更加生动、形象的方式呈现给学生，如视频、音频、图片等。同时，网络平台还可以实现远程教学和在线学习，让学生随时随地获取知识和信息。

其次，信息化时代的教学艺术更加注重个性化、多元化的学习体验。每个学生都有不同的学习需求和学习特点，教师需要根据学生的实际情况进行个性化教学，提供多元化的学习体验。例如，教师可以利用大数据分析技术，对学生的成绩、兴趣、学习方式等进行全面分析，制订个性化的学习计划和学习方案，以满足学生的学习需求。

此外，信息化时代的教学艺术还强调教师的角色转变和素质提升。教师需要不断更新教育观念，掌握新的教学技能和方法，如信息技术应用能力、数字资源开发能力等。同时，教师还需要具备创新意识和创新能力，不断探索新的教学方式和手段，以适应信息化时代的教育变革。

## 三、信息化时代教学艺术的应用

信息化时代教学艺术的应用主要体现在以下几方面（图6-7）。

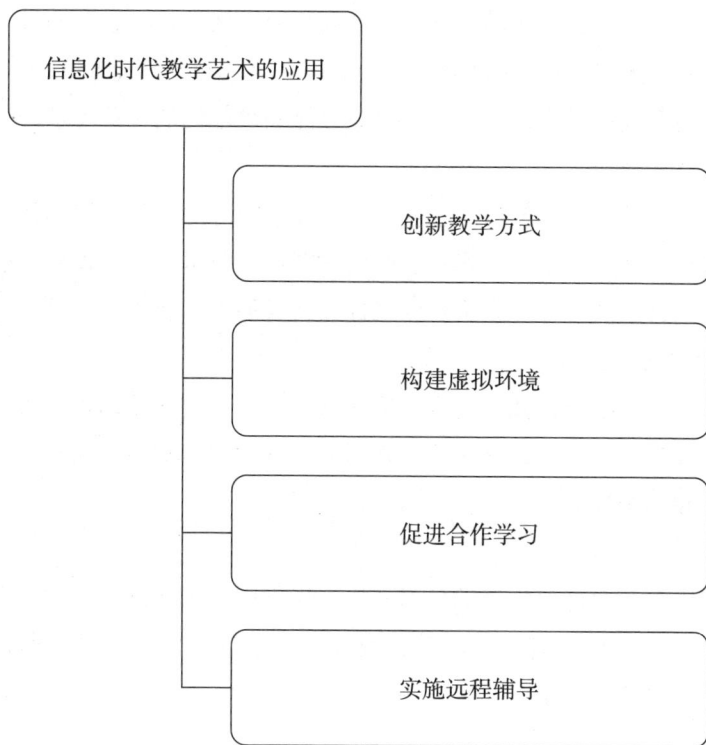

```
信息化时代教学艺术的应用
    ├── 创新教学方式
    ├── 构建虚拟环境
    ├── 促进合作学习
    └── 实施远程辅导
```

图6-7 信息化时代教学艺术的应用

### （一）创新教学方式

信息化时代的教学艺术要求教师不断创新教学方式。利用数字媒体技术将传统的教学内容转化为具有互动性的数字内容，如互动课件、在线实验等，是提高学生学习兴趣和参与度的有效方法。

这种教学方式利用数字媒体技术的优势，将静态的、线性的教学内容转

化为动态的、交互式的数字内容。通过互动课件，教师可以增加学生的参与度，激发学生的学习兴趣，提高学生的学习效果。在线实验可以让学生通过计算机模拟实验过程，加深对知识的理解，提高实践能力。

教师在创新教学方式时，需要注意以下几点。

**1. 适应学生的需求**

教师要根据学生的年龄、学科领域和学习风格，选择合适的教学方式和方法。例如，对于低年级的学生，互动课件可能更适合他们的认知发展水平；对于高年级的学生，在线实验可能更能满足他们的实践需求。

**2. 技术的运用**

教师需要具备一定的信息技术能力，能够熟练运用数字媒体技术。这包括制作互动课件、开发在线实验、运用虚拟现实技术等。教师可以通过参加培训课程、自学或与专业人员合作来提高自身的技术能力。

**3. 教学内容的设计**

教师需要精心设计教学内容，确保数字内容与教学目标相一致。在互动课件和在线实验中，教师需要注重知识的系统性和连贯性，同时要注重内容的趣味性和实用性。

**4. 评价与反馈**

教师需要及时评价学生的学习效果，提供反馈和建议。通过观察学生的参与度、学习进度和答题情况等，教师可以了解学生的学习需求和问题所在，以便及时调整教学方式和方法。

## （二）构建虚拟环境

信息化时代为构建虚拟环境提供了强大的技术支持，其中虚拟现实（VR）技术是其中的一种重要手段。利用虚拟现实技术，教师可以为学生营造更加真实、生动的虚拟学习环境，让学生在模拟实践中掌握知识。

虚拟现实技术可以创建出各种逼真的三维虚拟场景，让学生身临其境地感受和学习知识。通过模拟实践，学生可以在安全的环境下进行实验和操作，加深对知识的理解和掌握。此外，虚拟现实技术还可以提供互动性强的学习体验，激发学生的学习兴趣和主动性。

教师在利用虚拟现实技术构建虚拟学习环境时，需要注意以下几点。

1. 选择合适的虚拟现实技术

根据教学内容和学生的学习需求，选择合适的虚拟现实技术。例如，对于需要高度互动性和真实感的场景，可以选择沉浸式虚拟现实技术；对于需要展示三维物体或场景的情况，可以选择增强现实技术。

2. 精心设计虚拟学习环境中的内容

教师需要精心设计虚拟学习环境中的内容，确保其与教学目标相一致。在虚拟环境中，教师需要注重知识的系统性和连贯性，同时要注重内容的实用性和趣味性。

3. 及时与学生进行互动和反馈

教师需要及时与学生进行互动和反馈。通过观察学生在虚拟环境中的表现和反应，教师可以了解学生的学习需求和问题所在，以便及时调整教学方式和方法。

4. 注意学生的安全和健康

教师在构建虚拟学习环境时，需要注意学生的安全和健康问题。例如，避免学生在虚拟环境中出现眩晕或其他身体不适的情况，确保学生在虚拟环境中的安全等。

## （三）促进合作学习

网络平台为合作学习提供了更多的机会。通过在线协作工具，教师可以引导学生进行团队学习和项目合作，培养学生的协作精神和沟通能力。

在线协作工具可以提供实时的文字、语音或视频通信功能，方便学生进行团队沟通和协作。学生可以在一个共同的网络平台上进行文档共享、讨论和编辑，实现协同学习和合作完成任务。这种合作学习方式可以促进学生的主动参与和合作精神的培养，同时也可以提高学生的学习效果和创造力。

## （四）实施远程辅导

信息化时代使得远程辅导成为可能。通过在线聊天、视频会议等工具，

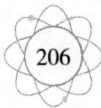

教师与学生可以进行实时互动和答疑解惑，实现对学生学习的全面跟踪和指导。

远程辅导可以突破时间和空间的限制，让学生随时随地接受教师的辅导和帮助。在线聊天和视频会议工具可以提供实时的文字、语音或视频通信功能，方便教师和学生进行远程交流和互动。教师可以通过这些工具了解学生的学习情况、解答疑问、布置作业等，学生也可以通过这些工具向教师寻求帮助和支持。

## 四、信息化时代教学艺术的挑战与对策

信息化时代的教学艺术确实面临着一些挑战。其中，教师信息技术能力不足和难以适应快速变化的教学环境是其中的两个重要方面。此外，如何平衡传统教学和信息化教学之间的关系也是教师面临的一大挑战。

对于第一个挑战，教师需要通过自学、参加培训等方式不断提高自身的信息技术能力，包括掌握基本的计算机操作、网络技术、多媒体制作等。同时，学校和教育机构也可以提供相应的技术支持和培训，帮助教师更好地适应信息化时代的教学要求。

对于第二个挑战，教师需要积极适应变化的教学环境，探索新的教学方式和方法。随着科技的不断发展，新的教学方式和方法也在不断涌现，教师需要及时了解和学习这些新的教学方式和方法，以适应不断变化的教学需求和学生需求。

对于第三个挑战，教师需要注重平衡传统教学和信息化教学之间的关系。虽然信息化教学具有很多优势，但传统教学仍然具有其独特的价值和意义。教师需要根据教学目标、教学内容和学生需求等因素，灵活运用不同的教学方式和方法，实现传统教学和信息化教学的有机结合，以达到更好的教学效果和质量。

## 五、信息化时代教学艺术的实践

### （一）教师培训

在信息技术快速发展的背景下，教师需要不断更新自身的知识和技能，以适应不断变化的教学需求和学生需求。通过教师培训，教师可以学习到新的数字化教学工具和教学方法，提高数字化教学能力和创新精神，从而更好地应对信息化时代的教学挑战。教师培训可以包括以下几个方面。

1.信息技术能力培训

其包括计算机操作、网络技术、多媒体制作等基本技能的学习和提高。

2.数字化教学能力培训

其包括数字化教学资源的应用、在线课程设计、学生自主学习能力的培养等。

3.创新精神培养

其包括创新思维的培养、新的教学方式和方法的探索和实践等。

4.教学实践培训

其包括课堂教学实践、案例分析、互动研讨等，以提高教师的实际教学能力和问题解决能力。

### （二）课程设计

传统的教学内容往往以教材和教师为中心，而数字化和网络化的教学则更加注重学生的主体地位，强调学生的自主学习和实践能力。因此，教师在设计课程时，需要充分考虑这些新的特点，将传统的教学内容与数字媒体技术相结合，以打造更具吸引力和实用性的课程。

具体而言，教师可以通过以下几个方面来将传统教学内容与数字媒体技术相结合。

1.制作数字化教学资源

教师可以利用数字媒体技术制作各种数字化教学资源，如多媒体课件、

在线实验、互动游戏等。这些数字化教学资源可以更好地满足学生的个性化需求，提高学生的学习兴趣和参与度。

2. 运用在线教学平台

教师可以利用在线教学平台，如Moodle、Coursera等，开展在线课程和远程辅导。通过在线教学平台，教师可以实现教学内容的数字化和网络化，方便学生进行自主学习和实践操作。

3. 创设虚拟学习环境

教师可以利用虚拟现实（VR）等技术，为学生创设各种虚拟学习环境，如模拟实验室、历史场景复原等。通过虚拟学习环境，学生可以更加深入地了解知识内涵和应用价值，提高学习效果和实践能力。

4. 加强实践教学环节

教师可以利用数字媒体技术设计各种实践环节，如计算机编程、数据分析、多媒体制作等。通过实践教学环节，学生可以将所学知识应用到实际操作中，提高解决实际问题的能力和综合素质。

（三）评估与反馈

在信息化时代的教学实践中，评估与反馈是关键环节。教师需要通过数据分析等技术，及时了解学生的学习情况和学习需求，以便调整教学策略并提供个性化指导。

数据分析可以帮助教师全面、深入地了解学生的学习情况。通过分析学生的学习数据，教师可以了解学生的学习兴趣、水平和需求，进而制订更符合学生实际的教学计划和策略。例如，教师可以通过分析学生在在线课程中的学习时间、答题正确率等数据，了解学生对不同知识点的掌握情况，以便在后续教学中加强和改进。

除了数据分析，教师还可以通过其他方式获取学生的反馈信息。例如，教师可以通过在线调查问卷了解学生对课程内容和教学方法的满意度、建议和意见等，以便及时调整教学策略。此外，教师还可以通过在线讨论、即时消息等方式与学生进行实时互动和交流，及时解答学生的问题和疑惑，提供个性化指导。

（四）学生参与

鼓励学生参与信息化时代的教学过程是提高教学效果的重要途径。学生可以通过在线讨论、互动评价等方式积极参与教学过程，与教师和其他学生进行交流和合作。

在线讨论是学生参与教学过程的一种常见方式。在在线讨论中，学生可以针对某一主题或问题进行讨论和交流，通过分享观点、互相评价来促进学习的深入。教师也可以通过在线讨论了解学生的学习情况和需求，以便调整教学策略。

互动评价也是学生参与教学过程的一种有效方式。通过互动评价，学生可以对他人的学习成果进行评价和反馈，同时也可以接受他人的评价和反馈。这种互动评价的方式可以帮助学生更好地认识自己的优点和不足，提供改进学习的机会。

# 参考文献

[1]武晓琼,王海萍.信息化时代的教育教学理论与实践研究[M].北京：中国水利水电出版社，2019.

[2]古琴.教育技术[M].北京：中国水利水电出版社，2019.

[3]齐春妮.互联网时代的现代教育技术教学改革[M].北京：中国书籍出版社，2019.

[4]李曼丽,张羽,叶斌桂.解码MOOC大规模在线开放课程的教育学考察[M].北京：清华大学出版社，2013.

[5]殷旭彪.当代教育信息化理论与实践研究[M].北京：中国书籍出版社，2018.

[6]孟伶泉,吕峰,张琸玶.基于现代理念的教育理论与实践[M].北京：中国书籍出版社，2018.

[7]王勇.翻转课堂的理论与实践 基于应用型本科人才培养的探索[M].杭州：浙江大学出版社，2016.

[8]赵建民,李波.教育技术与信息化教学[M].济南：山东大学出版社，2021.

[9]冯文全,赵正,成云,等.现代教育学[M].北京：北京师范大学出版社，2011.

[10]蔡宝来.现代教育学 理论和实践[M].上海：上海教育出版社，2011.

[11]陈晓丽.高校英语慕课与翻转课堂教学模式研究[M].成都：电子科技大学出版社，2017.

[12]孔德英,张大俭,姜国俊,等.教师必备的教育教学理论[M].保定：河北大学出版社，2015.

[13]张成琦,李立.计算机教育移动网络课堂的发展探究[M].成都：四川大学出版社，2018.

[14]周桂珍,王维,姚国.现代教育理论与实践[M].济南：山东大学出版社，2005.

[15]刘娟,邹婷,陆时红.高校演讲与口才课程研究[M].长春：吉林人民出版社，2017.

[16]邬厚民.微课资源的建设与应用[M].长春：东北师范大学出版社，2017.

[17]赵晓霞.计算机基础教学的现状和发展趋势研究[M].北京：冶金工业出版社，2019.

[18]张凯,刘益和.现代教育技术及应用任务驱动教程[M].北京：中国水利水电出版社，2017.

[19]华南师大教育系教育学教研室.现代教育学[M].广州：广东高等教育出版社，1997.

[20]王素荣.教育信息化理论与方法[M].北京：社会科学文献出版社，2006.

[21]姜忠元,闫振林,吕志武,等.现代教育技术[M].北京：清华大学出版社，2018.

[22]席宁.计算机教育移动网络课堂发展探究[M].成都：电子科技大学出版社，2019.

[23]刘汉辉.我国终身教育体系研究 可持续发展视角的分析[M].北京：人民出版社，2012.

[24]徐莉莉.互联网时代中混合课堂教学模式研究[M].北京：北京工业大学出版社，2019.

[25]李兆君.现代教育技术[M].北京：高等教育出版社，2010.

[26]常涛.高职院校翻转课堂教学模式创新与实践[M].北京：中国纺织出

版社，2018.

[27]宋星.高校微课开发与建设研究[M].成都：电子科技大学出版社，2017.

[28]李伟,弓巧平,田春艳,等.现代教育学理论与实践研究[M].长春：吉林大学出版社，2013.

[29]李本友,吕维智,闫焕民.微课的理论与制作技巧[M].北京：中国轻工业出版社，2015.

[30]周玉萍,罗志刚,方云端,等.现代教育技术[M].北京：人民邮电出版社，2014.

[31]毛正天，赵洪秀，窦凯旋. 课堂教学组织策略研究[M].吉林出版集团股份有限公司，2019.

[32]刘海军.“智慧教育”环境的适用与搭建[J].教学与管理，2019（23）：1-3.